CLV

Heath Lambert

Endlich frei!

Pornografie –
Der Kampf um Reinheit
in der Kraft der Gnade!

CLV

Falls nicht anders vermerkt, sind die Bibelstellen der Elberfelder Übersetzung 2003, Edition CSV Hückeswagen, entnommen.

1. Auflage 2014
2. Auflage 2018
3. Auflage 2022
4. Auflage 2026

Originaltitel: Finally Free – Fighting for Purity with the Power of Grace

Published by arrangement with The Zondervan Corporation L.L.C.,
a subsidiary of HarperCollins Christian Publishing, Inc.

Christliche Literatur-Verbreitung e.V.
Ravensberger Bleiche 6 · 33649 Bielefeld
www.clv.de

Bei Fragen zur Produktsicherheit erreichen Sie uns
über gpsr@clv.de oder auf dem Postweg.

Übersetzung: Hermann Grabe, Meinerzhagen
Satz: CLV
Umschlag: Andreas Fett, Meinerzhagen
Druck und Bindung: CPI books, Leck

Artikel-Nr. 256259
ISBN 978-3-86699-259-7

Meinen zwei lieben und prächtigen Söhnen
Carson und Connor gewidmet.

Eine boshafte Welt sucht Eure Seelen
mit Pornografie zu versklaven;
die Gnade Jesu Christi allein setzt Euch in Freiheit.

Blickt auf ihn!

Inhalt

Vorwort

Stellen Sie sich Ihr Leben wie ein Zimmer vor. Das wunderschöne Hartholz-Parkett ist sauber gefegt. Durch die Fenster flutet das Sonnenlicht. Fotos von Familienangehörigen und Freunden hängen an den Wänden. Das Mobiliar entspricht ganz Ihrem Geschmack – was Nützlichkeit und Komfort betrifft. Der ganze Raum ist friedevoll. Alles ist in bester Ordnung.

Aber in einer durch Schatten verdeckten Ecke befindet sich ein schmaler Spalt zwischen zwei Dielenbrettern, aus dem ein winziges, hässliches Unkraut wuchert.

Dieses Unkraut stellt die Pornografie dar.

Es ist so klein, dass man es leicht verbergen kann. Sie können den Teppich darüberlegen oder einen Stuhl daraufstellen. Sie können es leicht ignorieren und seine Bedeutung herunterspielen. Es gibt so viele andere gute und schöne Dinge, die Sie in Ihrem Lebenszimmer genießen können.

Aber das Unkraut wächst – und wächst.

Seine dornigen, verzweigten Ranken breiten sich über den ganzen Fußboden aus und klettern an den Wänden empor. Sie winden sich um die Beine der Tische und Stühle. Sie überwuchern sogar die Fenster und verhindern, dass die Sonne hereinscheint. Kein Teil Ihres Zimmers bleibt unberührt. Wohin Sie sich auch wenden, überall ist dieses Unkraut und erstickt Ihr Leben. Sie fühlen sich wie ein Gefangener.

Ich weiß nicht, wie groß das Problem der Pornografie für Sie ist. Vielleicht hat sie Ihr Leben schon gänzlich überwuchert, oder sie beginnt eben erst zu wachsen. Wenn Sie so sind wie viele Leute, haben Sie versucht, dieses Unkraut auszurotten – doch nur mit geringem Erfolg.

Das liegt daran, dass die meisten von uns unwirksame Werkzeuge benutzen. Stellen Sie sich das zähe, dornenbesetzte Unkraut vor. Und nehmen Sie dann einmal an, Sie wollen es mit einer Plastikgabel ausgraben – oder mit einem Zahnstocher oder mit einem schwachen Strohhalm. All das sind Bilder von so unbrauchbaren Werkzeugen wie Willenskraft, entschiedene Entschlüsse oder Selbstvorwürfe, mit denen wir versuchen, tief eingewurzelte Verhaltensformen zu verändern.

Wir brauchen bessere Werkzeuge.

Und um die geht es in *Endlich frei!*. Heath Lambert betritt Ihren von Pornografie beschmutzten Lebensraum mit einer großen Kiste voller Werkzeuge und benutzt dazu eine schlichte, sachliche Sprache. Er hält für Sie Handschuhe und Scheren bereit. Er gibt Ihnen eine Schaufel. Er stellt Ihnen eine Axt und einen Flammenwerfer bereit!

Der Grund, weshalb die von Heath Lambert angebotenen Werkzeuge so erfolgreich sind, liegt darin, dass sie einerseits streng biblisch sind, andererseits aber durch Gnade geschärft wurden. Er rät Ihnen nicht, nur in Aktion zu treten. Vielmehr ruft er Sie zu einem Handeln auf, das durch Gnade motiviert und vom Heiligen Geist mit Kraft ausgerüstet wird. Ich habe viele Bücher über sexuelle Reinheit gelesen – ja, sogar selbst eins geschrieben, aber dieses Buch hier steht ganz oben auf meiner Favoritenliste. Beim Lesen merkte ich plötzlich, dass ich betete, Gott möge dieses Buch im Leben vieler Millionen Männer und Frauen benutzen, die zurzeit durch Pornografie geknechtet werden.

Das Beste an diesem Buch ist nicht, dass Ihnen beim Lesen vor allem die Abscheulichkeit dieses Unkrauts bewusst wird, ja, nicht einmal, dass die Ihnen zur Benutzung angebotenen Werkzeuge sehr nützlich erscheinen. Dagegen wird Ihnen Seite für Seite immer deutlicher, dass da ein Jemand ist, der Ihnen in diesem Kampf zur Seite steht.

Endlich frei! wird Ihnen helfen, das Bewusstsein der Gegenwart Jesu Christi und seiner Kraft immer deutlicher zu erleben. Er ist der Erlöser, der versprochen hat, Sie nie zu verlassen. Er ist es, dessen Tod und Auferstehung für Sie die Macht der Sünde zerschlagen und beseitigt hat. Und es ist das Einssein mit Jesus – sein Leben in Ihnen –, was Ihnen Hoffnung gibt.

Ergreifen Sie daher glaubensvoll diese Werkzeuge. Jesus ist mit Ihnen!

Dieses Unkraut wird vergehen!

Joshua Harris, leitender Pastor der Covenant Life Church, Gaithersbury, Maryland. Er ist Autor von *Humble Orthodoxy: Holding the Truth High without Putting People Down*.

EINFÜHRUNG

Der Zweck dieses Buches

Dieses Buch handelt nicht von Pornografie. Über Pornografie können Sie zahllose Bücher finden. Sie enthalten detaillierte Informationen über die Porno-Industrie und darüber, wie viele und welche Filme hergestellt werden, wie viele Leute daran beteiligt sind, wie viel Geld dafür ausgegeben wird und wie viele Internetseiten damit befasst sind. In diesem Buch werden Sie nicht die geringste Information über dies alles finden.

Andere Bücher über Pornografie diskutieren ausführlich über das durch Pornografie angerichtete Verderben; über die riesigen Schäden, die sich die Akteure selbst zufügen; über die moralische Erosion innerhalb solcher Gesellschaften, die sie pflegen; über den physischen und geistlichen Schaden, den die Pornografie den Betrachtern zufügt; über das Elend, das dadurch in viele Ehen kommt; über den Schmerz, der den Kindern und Eltern der Konsumenten bereitet wird; und darüber, wie unglaublich schwer es ist, dieser Versuchung zu widerstehen. Kurz gesagt: Dieses Buch handelt nicht von den katastrophalen Auswirkungen der Pornografie.

Andere Bücher über Pornografie füllen viele Seiten damit, den Leuten zu erzählen, wie man darüber denken sollte – inwiefern sie schlecht ist, wie sie dem Reich Christi im Wege steht, wie sie verbindlicher ehelicher Liebe schadet, wie sie geistliche Fruchtbarkeit untergräbt und wie sie das christliche Zeugnis hemmt. Im Gegensatz dazu ist es gerade die Absicht dieses Buches, Ihr Gehirn auf keinen Fall wieder mit Pornografie in Verbindung zu bringen.

Die Ziele der oben angesprochenen Bücher sind ehrenwert. Es gibt Orte und Zeiten, wo über diese Dinge geredet werden muss.

Dieses Buch aber hat eine andere Zielrichtung. Im vergangenen Jahrzehnt habe ich Tausende von Stunden damit verbracht, mit Hunderten von Leuten zu sprechen, die mit der Pornografie zu kämpfen haben. Nie habe ich einen getroffen, der dadurch einen durchgreifenden Wandel erfahren hatte, dass ihm jemand erzählte, wie viele Milliarden Dollar alljährlich für Pornografie verwendet werden. Niemals habe ich jemanden getroffen, dessen Leben radikal verändert wurde, weil er wiederholt gehört hat, wie zerstörerisch die Porno-Industrie wirkt und wie bitter nötig es ist, anders als bisher darüber zu denken. Vielmehr hat jeder, mit dem ich sprach und der aufrichtig Hilfe suchte, das meiste darüber bereits gewusst. Leute, die im verführerischen Netz der Pornografie gefangen sind, brauchen keine weiteren Informationen *über* Pornografie.

Dieses Buch spricht über etwas weit Besseres. Dieses Buch handelt von der bewundernswerten Kraft Jesu Christi, von Pornografie zu befreien.

In diesem Buch möchte ich Ihnen von der erstaunlichen und wirkmächtigen Kraft Christi berichten, die die Pornografie auch aus Ihrem Leben reißen kann. Ob Sie nun selbst mit der Pornografie kämpfen oder ob Sie versuchen, jemandem zu helfen, der darunter leidet, ich habe eine gute Botschaft für Sie: Einerlei, wie intensiv oder lang andauernd der Kampf ist, es ist das Werk Jesu Christi, das die Leute von dieser Sünde frei macht. Hören Sie auf die Worte des Apostels Paulus:

> »Oder wisst ihr nicht, dass Ungerechte das Reich Gottes nicht erben werden? Irrt euch nicht! *Weder Hurer* noch Götzendiener, noch Ehebrecher, noch Weichlinge, noch Knabenschänder, noch Diebe, noch Habsüchtige, noch Trunkenbolde, noch Schmäher, noch Räuber *werden das Reich Gottes erben. Und solches sind einige von euch gewesen; aber ihr seid abgewaschen, aber ihr seid geheiligt, aber ihr seid gerechtfertigt*

worden in dem Namen des Herrn Jesus und durch den Geist unseres Gottes« (1Kor 6,9-11; Hervorhebung durch den Autor).

Begreifen Sie, welche Kraft denen zur Verfügung steht, die auf Christus vertrauen? Paulus wechselt von der Verdammung zum Vertrauen. Zunächst wird die Sünde kraftvoll verdammt. Die Worte sind klar: Wer in sexueller Unmoral lebt, wird das Reich Gottes nicht erben. Alle, die Pornografie anschauen, haben nichts vor sich als die schreckliche Erwartung, verdammt zu werden. Dank sei Gott, dass Paulus nicht dabei stehen bleibt. Er wechselt hinüber zu dem Vertrauen auf den Erretter, Jesus. Jesus reinigt Sünder. Jesus liebt es, solche zu reinigen, die Lust daran haben, Pornobilder zu betrachten, und er liebt es, ihnen Kraft zur Umkehr zu geben. Unsere Sündhaftigkeit behält nicht das letzte Wort. Stattdessen rechtfertigt, reinigt und heiligt uns Jesus. Unsere einzige Hoffnung liegt in dem auferstandenen Erlöser, der die Macht hat, uns aus dem Sumpf der Pornografie herauszubringen. Dieses Buch nun ist ein Führer zu diesem erstaunlichen Prozess, durch den Jesus dieses Werk immer wieder vollbringt.

Jesu Macht ist äußerst praktisch, und so ist auch dieses Buch sehr praktisch. Jesus will Sie aus Ihren Kämpfen befreien, aber er fordert Sie auch auf, an diesem Werk mitzuarbeiten. Wieder schreibt Paulus: »Daher, meine Geliebten, wie ihr allezeit gehorsam gewesen seid, nicht allein … in meiner Anwesenheit, sondern jetzt viel mehr in meiner Abwesenheit, bewirkt euer eigenes Heil mit Furcht und Zittern; denn Gott ist es, der in euch wirkt sowohl das Wollen als auch das Wirken, zu seinem Wohlgefallen« (Phil 2,12-13).

Gott wirkt in uns, sodass wir nach ihm verlangen und so arbeiten, dass wir ihm wohlgefallen. Als Christen können wir das Werk des Gehorsams leisten, doch jedes Wachstum wird durch Gottes Gnade bewirkt. Jesus gibt uns Kraft zu gehorchen, sodass wir zur Verherrlichung Gottes gehorsam sein können. Alle Gläubigen sind dazu berufen, sich auf seine Kraft zu stützen, die praktischen Werkzeuge seiner Gnade zu ergreifen und praktische Schritte zur Umkehr zu unternehmen.

Jahrelang habe ich Leute in der Seelsorge beraten, die sich im Kampf gegen die Pornografie als Gefangene und Verlierer empfanden. Sie brauchen für die Praxis anwendbare, gnadenvolle Strategien, wenn sie sexueller Unmoral entfliehen wollen. Dieses Buch bietet acht klar erkennbare Strategien, die Ihnen helfen, sich retten zu lassen und von Ihrem Verlangen nach Pornografie befreit zu werden. Diese Strategien sind Werkzeuge, durch die es Ihnen gelingt, sich von der Sünde abzuwenden, hin zu der Gerechtigkeit, die Christus durch sein Werk erworben hat. Ich habe erlebt, wie sie immer wieder funktioniert haben, und ich bete dafür, dass sie auch in Ihrem Leben wirken und im Leben derer, die Gott Ihnen als Helfer zur Seite gestellt hat.

Ich hoffe, Sie finden, dass dieses Buch praktisch anwendbar und von Gnade durchdrungen ist. Aber ich hoffe ebenso, dass Sie seine Ausdrucksweise als rein empfinden. Ich habe mit unzähligen Pastoren, Eltern und Gemeindemitgliedern gesprochen, die alle von den erreichbaren Büchern über Pornografie enttäuscht waren. Sie waren deshalb enttäuscht, weil viele dieser Literaturangebote, an die sie sich um Hilfe wandten, voller schockierender – manchmal sogar voller vulgärer – Ausdrücke waren. Solche »Hilfen« erwiesen sich als weitere Versuchungen in dem Kampf gegen Pornografie, der sie doch zu entfliehen suchten. Ich verstehe das genauso wie Paulus, der sagt: »Hurerei aber und alle Unreinheit oder Habsucht werde nicht einmal unter euch genannt, wie es Heiligen geziemt; auch Schändlichkeit und albernes Geschwätz oder Witzelei, die sich nicht geziemen, sondern vielmehr Danksagung« (Eph 5,3-4).

Es ist traurig, dass viele Schreiber eine unreine, verdorbene und rohe Sprache in der Literatur verwenden, die eigentlich dazu bestimmt ist, Menschen im Kampf gegen sexuelle Unreinheit beizustehen. Wir können nicht Reinheit und hohe moralische Maßstäbe erreichen, indem wir eine Sprache verwenden, die selbst unrein und unmoralisch ist. Selbstverständlich ist es wichtig, offen über Sünde zu reden, um die begangenen Sünden und die uns bedrohenden Versuchungen wirklich beim Namen zu nennen. Trotzdem ist es möglich, offen und doch nicht schmutzig dabei zu verfahren. Indem ich immer daran denke, möchte ich Ihnen versprechen, in diesem Buch keine vulgäre, rohe, unreine oder auf andere Weise schmutzige Sprache zu verwenden. Als Vater von drei jungen Kindern möchte ich dieses Buch so schreiben, dass wenn sie es jemals nötig haben, es zu lesen, sie nicht entsetzt über mich sind und ich sie nicht zur Unreinheit verleite. Ich hoffe, Sie werden ein ähnliches Vertrauen beim Lesen dieses Buches gewinnen und es anderen zum Lesen empfehlen.

Dieses Buch beginnt mit der Gnade als Grundlage. Außer dem ersten Kapitel erklärt jedes folgende einen weiteren wesentlichen Schritt, um von Pornografie frei zu werden. Denken Sie bitte nicht, das Buch finge im ersten Kapitel zwar mit »Gnade« an, bewege sich dann aber in den folgenden Kapiteln zu den anderen Hilfen fort. Vielmehr ist Gnade die Kraft, die Sie bei *jeder* Strategie dieses Buches motiviert und stärkt. Die Grafik auf S. 18 zeigt, wie jede Strategie auf Gnade gegründet ist und von ihr abhängt.

Welche Strategie Sie auch in Ihrem Kampf um Reinheit anwenden, alles muss auf die Gnade Gottes in Christus gegründet sein, wenn sie zu dauerhafter Freiheit führen soll. Und in diesem Sinn empfehle ich auch, dieses Buch zu lesen.

Kapitel 1 handelt von der Grundlage des Evangeliums, denn keine Strategie zur Bekämpfung der Sünde führt zu gründlicher und dauerhafter Veränderung, wenn sie losgelöst von der Kraft Jesu bleibt. Strategien sind wichtig, aber sie müssen dem Evangelium entspringen. Wenn Sie jemandem zu helfen suchen, der mit Pornografie kämpft, wäre es klug, zuvor das ganze Buch durchzulesen, bevor Sie mit Ihrer Hilfe beginnen. Auf diese Weise

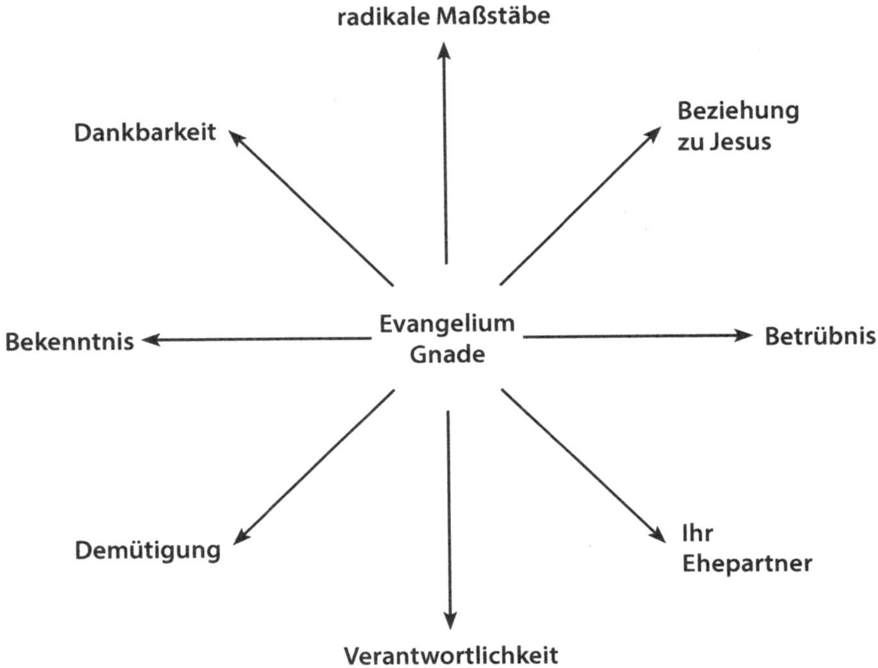

werden Sie ein Gefühl dafür entwickeln, dass praktische Strategien einer ganz grundsätzlichen Hingabe an das Evangelium entspringen müssen.

Wenn Sie selbst mit Pornografie zu kämpfen haben, ist es ebenfalls gut, das Buch von Anfang bis zum Ende zu lesen. Es ist allerdings auch kein schlechter Gedanke, mit den in Kapitel 4 gelehrten radikalen Maßstäben zu beginnen, bevor Sie zum Anfang zurückkehren und dann das ganze Buch lesen. Einige unter den Lesern werden so tief in einen pornografischen Lebensstil abgesunken sein, dass die Lehren des Evangeliums sicher erst Wurzeln schlagen können, *nachdem* sie einige Schritte unternommen haben, Pornografie aus ihrem Leben zu verbannen. Wenn man

Schritte unternimmt, wie sie in Kapitel 4 vorgeschlagen werden, wird das keine Langzeitwirkung bei Ihrem Kampf haben, aber wenn man es so macht, wird Ihnen zumindest ein wenig Raum geschaffen, um über das Evangelium nachdenken zu können.

Dieses Buch ist für alle gedacht, die Hilfe beim Kampf gegen Pornografie nötig haben. Obwohl ich den wenigsten von den Lesern wirklich begegnet bin, kenne ich sie aufgrund meiner Erfahrung. Ich habe gleichsam in ihrem Wohnzimmer gesessen, habe sie vor den Gefahren der von ihnen begangenen Sünde gewarnt, habe mit ihnen in ihrer Zerbrochenheit wegen dieser Sünde geweint und habe sie auf ihrer Reise in die Veränderung begleitet. Ich kenne ihr Verlangen, endlich von den Fesseln der Pornografie frei zu werden. Und mein Gebet ist, dass dieses Buch ihnen bei dem Kampf um Reinheit in der Kraft der Gnade helfen möge.

KAPITEL 1

Gnade als Grundlage im Kampf gegen Pornografie

Matt ist ein 19-jähriger College-Student, der als Achtjähriger die Pornografie entdeckte, als ihm sein Onkel ein Video zeigte und ihm sagte, er solle niemandem davon erzählen. Taylor ist dreißig und wusste überhaupt nichts über Pornografie, bis er der Versuchung einer entsprechenden Anzeige erlag, die er in einem Hotelzimmer fand, als er irgendwo unterwegs war. Ethan ist seit zehn Jahren verheiratet. Er sah eines Abends in den Nachrichten einen Bericht über die Porno-Industrie. So wurde seine Neugier geweckt, und er suchte danach im Internet, »nur um zu sehen, was an dem Quatsch eigentlich dran ist«. Sarah ist ein Single von 35 Jahren, die anfing, sich Pornografie anzusehen, um ihre Fantasie anzuregen und ihr Alleinsein zu überwinden.

Ich kenne sehr viele Leute (Männer und Frauen), die mit Pornografie zu kämpfen haben. Alle lernten die Pornografie auf andere Weise kennen. Manche suchten danach, während andere durch böse Menschen dazu verführt wurden. Ganz einerlei, die Pornografie hat sie »nun durchgekaut und hinterher ausgespuckt«. Anfangs schien es Spaß zu machen, Menschen zuzuschauen, die sexuelle Unmoral praktizierten. Man fand das faszinierend, angenehm und lustig. Jetzt hat die Sünde scharf zurückgebissen. Die Herzen der Pornosüchtigen sind von Schuldgefühlen niedergedrückt, ihre Beziehungen sind beschädigt, ihre Vorstellungen hinsichtlich der Sexualität sind verdorben, und ihr Zeugnis als Christen ist ruiniert.

Ich kenne diese Leute. Brüder und Schwestern in Christus sind zu mir gekommen, weil sie auf diesem Gebiet seelsorgerliche Hilfe brauchten. Ich saß mit ihnen zusammen, habe mit ihnen geweint und stundenlang mit ihnen gesprochen. Ich habe aus erster Hand erfahren, welchen Schaden Pornografie in ihrem Leben angerichtet hat. Vielleicht können Sie sich selbst – oder jemanden in Ihrem Umfeld – mit diesen Geschichten identifizieren.

Vielleicht haben Sie wie jene anfangs Pornografie mit Überlegungen angeschaut, die damals ein gewisses Maß an verdrehter Logik enthielten. ›Was kann es eigentlich schaden?‹ ›Ich mach es ja nur einmal und nie wieder.‹ ›Mein Partner hat kein großes Interesse an mir.‹ ›Tatsächlich mag es für unsere Ehe hilfreich sein, wenn ich einen anderen sexuellen Ausweg habe.‹ ›Ich habe es satt, allein zu sein.‹ ›Das steht mir zu!‹ Jetzt, wo der sandige Grund, auf den diese Lügen gebaut waren, weggespült ist, sind Sie in heller Aufregung. Sie suchen verzweifelt nach Hilfe, um aus dem Dreck herauszukommen, aber Sie wissen nicht wie – ja, nicht einmal, wie Sie damit anfangen sollten. Tatsächlich fürchten Sie sich sehr, dass Sie in einer Falle stecken, aus der es für Sie kein Entrinnen gibt.

Wenn diese Beschreibung auf Sie zutrifft, habe ich Ihnen eine atemberaubende Nachricht zu verkünden: Jesus Christus starb, um Sie von jeder Sünde zu befreien, die Sie begehen können. Dazu gehört auch die Pornografie.

> »Jetzt aber ist, ohne Gesetz, Gottes Gerechtigkeit offenbart worden, bezeugt durch das Gesetz und die Propheten: Gottes Gerechtigkeit aber durch Glauben an Jesus Christus gegen alle und auf alle, die glauben. Denn es ist kein Unterschied, denn alle haben gesündigt und erreichen nicht die Herrlichkeit Gottes und werden umsonst gerechtfertigt durch seine Gnade, durch die Erlösung, die in Christus Jesus ist; den Gott dargestellt hat als ein Sühnmittel durch den Glauben an sein Blut, zur Erweisung seiner Gerechtigkeit wegen des Hingehenlassens der vorher geschehenen Sünden unter der Nachsicht Gottes« (Röm 3,21-26a).

Es ist möglich, von der Pornografie frei zu werden. Aufgrund seiner Gnade sandte Gott seinen Sohn, um die gerechte Strafe für die durch uns begangenen Sünden zu bezahlen. Wenn Sie an Gottes Gnade Ihnen gegenüber glauben, bekommen Sie Gottes Gerechtigkeit zugesprochen. Sie können Vergebung bekommen, und Sie können frei werden, wenn Sie auf Christus vertrauen und auf das, was er für Sie getan hat – einerlei, wie oft Sie sich Pornografie angeschaut haben und wie hoffnungslos Ihr Kampf zu sein schien. Wenn Ihnen das unglaubhaft vorkommt, dann geschieht das darum, weil Sie mehr an sich und an Ihre Pornografie als an Jesus und an seine Gnade denken. Sie können frei werden, aber Freiheit setzt Gnade voraus.

Es ist ein wunderbarer Segen, in einer Zeit und an Orten zu leben, in denen sich große Scharen von Gläubigen (ob in Leitungsfunktionen oder nicht) wieder auf das Evangelium von Jesus ausrichten, und zwar in einer frischen und machtvollen Art und Weise. Zahlreiche Bücher, Predigten und Blogs beschreiben die reichen Quellen der Gnade, die überfließen von dem, was man an Gutem über Jesu Gnade sagen kann. Während wir uns über die augenblickliche Wertschätzung freuen, besteht die Gefahr, diese Gnade zum Diskussionsgegenstand zu machen, anstatt ihre Kraft zu erfahren. Wir können niemals zu viel Gnade erlangen. Die Gefahr in unseren Tagen besteht darin, die Gnade für selbstverständlich zu halten, wobei man vergisst, sie praktisch wirksam werden zu lassen.

Ich will meine eigene Warnung ernst nehmen. Ich möchte in diesem Buch nicht nur von Gnade reden; ich möchte Ihnen zeigen, wie Sie die Gnade Jesu in Ihrem Kampf mit der Pornografie einsetzen können. In Römer 1,5 schreibt Paulus: »... durch den [d. h. durch Jesus Christus] wir Gnade und Apostelamt empfangen haben zum Glaubensgehorsam unter allen Nationen für seinen Namen.« Hier lehrt Paulus, Gott habe seinen Leuten Gnade gegeben, die dazu dient, ihm zu gehorchen und unter den Völkern Ehre für den Namen Christi hervorzurufen. Gnade ist nicht nur »unverdiente Gunst« (Ausdruck der Tatsache, dass Gott uns wohlgesonnen ist), Gnade setzt auch göttliche *Kraft* und Möglichkeiten zum Handeln frei, die uns gegeben sind, um Gott wohlgefällig leben zu können. Nach Römer 1,5 ruft Gott uns Christen zum Gehorsam auf. Dazu verspricht er, dass wir die Kraft empfangen werden, diesen Gehorsam auszuleben. Gottes Geschenk der Gnade ist die Kraft zum Gehorchen.

Ich möchte Ihnen zeigen, wie Sie diese beiden bedeutenden Aspekte der göttlichen Gnade im Kampf mit der Pornografie anwenden können.

Vergebende Gnade

Das Erste, was Sie unbedingt über Gottes mächtige Gnade wissen müssen, ist dies: Durch sie erhalten wir *Vergebung der Sünden.* Hören Sie, was die Bibel über diese vergebende Gnade in Kolosser 2,13-14 sagt: »Und euch, als ihr tot wart in den Vergehungen und der Vorhaut eures Fleisches, hat er mitlebendig gemacht mit ihm, indem er uns alle Vergehungen vergeben hat; als er ausgetilgt hat die uns entgegenstehende Handschrift in Satzungen, die gegen uns war, hat er sie auch aus der Mitte weggenommen, indem er sie an das Kreuz nagelte.«

Gott beschreibt nach der schockierend deutlichen Darstellung unseres früheren Zustands, wie wir zu diesen erstaunlichen Segnungen kommen können. Wir erhalten Leben und Vergebung, aber wir bekommen sie nicht auf billige Weise.

Paulus illustriert das sehr ernüchternd, indem er die von uns begangenen Sünden mit einer Kreditkarte vergleicht, »die uns entgegenstehende Handschrift in Satzungen, die gegen uns war«. Die von uns begangenen Sünden entschwinden nicht irgendwo in die Luft. Vielmehr sind sie dokumentiert und aufbewahrt. So wie man gemachte Schulden bezahlen muss, wenn man Strafen vermeiden will, so stellt unser Sündenregister Forderungen an uns, die rechtlich bindend sind. Die rechtmäßige Forderung an unsere Sündenschuld ist göttliche Bestrafung. Für Sünde muss bezahlt werden. Doch hier entdecken wir eine herrliche Wahrheit: Obwohl Sie und ich einzig und allein für unsere persönliche Sündenschuld verantwortlich sind, hat Gott selbst Vorsorge für diese Schuld getroffen, indem er diesen Schuldbrief selbst an das Kreuz Christi genagelt hat, wodurch allen Ansprüchen an uns Genüge getan worden ist. Als Jesus ans Kreuz geschlagen wurde, hat er für unser aller Sünden bezahlt. Für jede Gelegenheit, bei der wir Schmutz (wie etwa sexuell unmoralische Bilder) in unseren Herzen angehäuft haben, für jeden gierigen Blick auf Pornografie, für jede lüsterne Anspielung – für alles hat Jesus bezahlt, als er für Sünder starb.

Verändernde Gnade

Die Botschaft, die ich weitergeben will, wird sogar noch besser. Vergebende Gnade ist nur ein Teil der Kraft, die Jesus darreicht. Gottes mächtige Gnade gibt uns auch Kraft, *auf neue Weise zu leben*. Vergebende Gnade ist wunderbar und wesentlich, aber Sünder brauchen mehr als Vergebung. Es reicht nicht, dass unser Schuldenregister bezahlt wurde; wir brauchen auch Gnade, so zu leben, wie Jesus es tat. Wir brauchen Gnade, die uns verändert, damit wir ihm in seiner Heiligkeit und Liebe immer ähnlicher werden können. In Römer 6,4 erklärt Paulus: »So sind wir nun mit ihm begraben worden durch die Taufe auf den Tod, damit, so wie Christus aus den Toten auferweckt worden ist durch die Herrlichkeit des Vaters, so auch wir in Neuheit des Lebens wandeln.«

Paulus spricht hier über den Tod und die Auferstehung Jesu. Für uns alle, die wir auf Jesus vertrauen, sind sein Tod und seine

Auferstehung auch *unser Tod* und *unsere Auferstehung*. Jesu Tod und seine Auferstehung sind nicht nur die Bezahlung für unser Schuldenregister durch seine vergebende Gnade; Jesu Tod und seine Auferstehung führen auch zu einer Umgestaltung. Durch Gottes verändernde Gnade können wir durch das, was Jesus für uns getan hat, ein neues Leben führen.

Viele Leute verbringen eine Menge Zeit damit, Vergebung zu finden. Sie bitten und betteln um Vergebung, nachdem sie in Pornografie eingewilligt hatten, aber sie wissen nicht, was sie danach tun sollen. Die Bibel lehrt, dass man außer einem Sündenbekenntnis und der Bitte um göttliche Vergebung auch nach Gottes mächtiger verändernder Gnade trachten muss, indem man der Guten Botschaft glaubt und im Glauben und Gehorsam gegenüber dem Evangelium wandelt. Gottes Gnade entlastet Sie und vergibt Ihnen Ihre Sünden, aber Gottes Gnade gibt Ihnen auch die Kraft, ein anderes Leben zu führen und ihm gehorsam zu sein.

Oh, wie wertvoll muss Ihnen diese Gnade werden! Sie müssen um Vergebung bitten, wenn Sie Pornografie betrachtet haben, aber Sie dürfen dabei nicht stehen bleiben! Bitten Sie Gott um die verändernde Gnade – um seine Kraft, die Sie durch und durch umgestalten kann. Weil Gott zu seinem Wort und seinen Verheißungen steht, werden Sie nach einiger Zeit auch Gottes Kraft empfangen, sich nie wieder Pornografie anzuschauen. Gottes mächtige verändernde Gnade *kann* Ihnen ein reines Herz geben, und Sie *können* Ihre Gier nach Pornografie überwinden. Dann *können* Sie Ihre Brüder und Schwestern in Christus ehren, anstatt sie zu entehren. All das und noch viel mehr können Sie haben. Nur in der eigenen Kraft und durch eigene Anstrengungen können Sie es nicht erreichen. Sie brauchen die machtvolle verändernde Gnade Jesu.

Gottes machtvolle verändernde Gnade steht Ihnen zur Verfügung, aber viele Leute wissen nicht, wie man sie anwendet.

Wenn man die Kraft Jesu zur Veränderung besitzt und nicht weiß, wie man sie anwenden soll, ist es fast so, als hätte man sie nicht. Es ist, als wäre man auf eine Insel verschlagen, auf der ein aufgetanktes Flugzeug steht, ohne dass man weiß, wie man damit fliegt. Darum ist es so wichtig zu wissen, wie man mit Gottes Gnade umgeht, um Nutzen von ihr zu haben. Wenn Sie Jesu verändernde Gnade anwenden wollen, müssen Sie etwas so Einfaches tun, dass viele es einfach nicht fassen können.

Sie müssen es *glauben*!

Die verändernde Gnade wirkt, wenn Sie glauben, dass Jesus sie Ihnen gibt. In dem Augenblick, in dem Sie an Jesu verändernde Gnade glauben, *sind* Sie verändert. Je mehr Sie daran glauben, umso mehr werden Sie in der Veränderung wachsen.

Paulus schreibt in Römer 6,11: »So auch ihr, haltet dafür, dass ihr der Sünde tot seid, Gott aber lebend in Christus Jesus.« Damit sagt Paulus, dass Sie den Sünden gestorben sind und in Christus nun für Gott leben, wenn Sie daran *festhalten* und *von dieser Tatsache ausgehen*, d. h. wenn Sie es glauben. Wenn Sie verändert und Christus ähnlich werden wollen – sei es auf dem Gebiet des Kampfes gegen Pornografie oder anderswo –, dann müssen Sie glauben, dass Sie in Jesus die Kraft zur Veränderung haben. Wenn Sie glauben, dass diese Kraft Ihnen gehört, dann haben Sie diese auch.

Buße und Gnade

Beide, vergebende Gnade und verändernde Gnade, müssen von Christen in Anspruch genommen werden. Buße ist der Weg, auf dem wir diese beiden Aspekte der göttlichen Gnade erfassen und vereinen können. Nachdem wir gesündigt haben, müssen wir lernen, mit Gott durch Buße in Kontakt zu treten. In der Bibel wird mit Buße jener Prozess beschrieben, bei dem wir das sündige

Leben hinter uns lassen und die entsprechenden Schritte in das gehorsame Leben tun. Wenn wir Buße tun, müssen wir stets mindestens drei deutliche Schritte beachten. Man kann sich diese drei wesentlichen Schritte unter dem Akronym *BBB* merken.

Der erste Schritt im Bußprozess ist das *Bekenntnis* Ihrer Sünde. Der Apostel Johannes schreibt: »Wenn wir sagen, dass wir keine Sünde haben, so betrügen wir uns selbst, und die Wahrheit ist nicht in uns. Wenn wir unsere Sünden bekennen, so ist er treu und gerecht, dass er uns die Sünden vergibt und uns reinigt von aller Ungerechtigkeit« (1Jo 1,8-9). Sünder brauchen Gnade mehr als alles andere. Dazu gehört auch die Gnade, sich zu erinnern und die Sünde einzugestehen. Wir verwerfen nach Johannes die Gnade, wenn wir unsere Sünde leugnen. Wenn Sie Ihre Sünde leugnen, versperren Sie sich selbst den Zugang zu Gottes Gnade. Wenn Sie vor Gott Ihre Sünde anerkennen, bekommen Sie Zugang zu ihr. Der erste Schritt bei der Buße bedeutet für Sie also, mit Gott zu reden und ihm alles über Ihre Sünde zu berichten. Er weiß natürlich längst alles. Trotzdem müssen wir mit Gott über unsere Sünden reden, deren wir uns in unserem Leben bewusst sind. Wenn in einer Ehe der Mann in Wut gerät und seine Frau grob anfährt, muss er ihr sein Fehlverhalten bekennen und um Vergebung bitten, obwohl sie alles mitbekommen hat und weiß, was geschehen ist. Auf gleiche Weise muss jeder Christ, der in sexuelle Unmoral geraten ist, sich vor Gott demütigen und ihm sagen, was er längst weiß.

Der zweite Schritt der Buße ist die *Befestigung* der göttlichen Sündenvergebung. Johannes weist dabei in 1. Johannes 1,8-9 in zwei Richtungen, denen wir folgen sollen. Erstens befiehlt er zu gehorchen: Sie müssen Ihre Sünden bekennen. Zweitens sollen Sie seiner Botschaft glauben: Wenn Sie Ihre Sünden bekennen, dann ist Gott treu und gerecht, sodass er Ihnen vergibt und Sie reinigt. Es ist leichter, mit Gott zu reden, als an die Vergebung zu glauben. Vielleicht kämpfen Sie genau an dieser Stelle.

Möglicherweise denken Sie an all die Pornografie, die Sie sich angeschaut haben, wie Sie Ihr lüsternes Herz damit bedient haben, oder an all die Menschen, die wegen Ihrer Unmoral verzweifelt sind. Dieser Schmerz ist Teil der Konsequenzen der Sünde. Wenn Sie aber übermäßig bei Ihren Sünden und ihren Folgen verweilen, lassen Sie die Gnade Gottes außer Acht. Es gibt Zeiten und Orte, wo man über seine Sünden zerbrochen sein und nüchtern deren Konsequenzen bedenken soll. (Das nächste Kapitel behandelt dieses Thema.) Wenn Sie aber Ihre Sünden bekannt haben, müssen Sie darum kämpfen, das zu befestigen, was Gott Ihnen darüber gesagt hat. Denn über alle, die ihre Sünden bekennen, verkündet Gott das Urteil: »vergeben und rein«. Und wenn Gott sagt, dass Ihnen vergeben ist und Sie rein sind, dann *ist* Ihnen vergeben, und dann *sind* Sie rein! Obwohl es demütig und bescheiden aussieht, Gottes Vergebung anzuzweifeln, ist es in Wirklichkeit nichts als Stolz und Arroganz, wenn man es ablehnt zu glauben, was Gott in Bezug auf Sie als wahr bezeichnet hat. Buße bedeutet Befestigung dessen, was Gott über Sie gesagt hat.

Der dritte Schritt im Bußprozess ist die *Bitte* um Jesu verändernde Gnade. Wir haben bereits die wunderbare Kraft gesehen, die den Christen durch das Werk Jesu zur Verfügung steht. Aber wir müssen auch die nur allzu oft nötige biblische Warnung ernst nehmen, dass wir sehr häufig gebetslose Nachfolger Jesu sind: »Ihr habt nichts, weil ihr nicht bittet« (Jak 4,2). Nachdem wir unsere Sünden bekannt und der Vergebung Gottes geglaubt haben, müssen wir nun Gott um die besondere Gnade bitten, verändert zu werden.

Es ist wichtig, über Buße zu reden, denn Buße ist das Mittel, durch das wir Jesu vergebende und verändernde Gnade ergreifen können. Es ist möglich, darüber zu sprechen, wie die Gnade uns vergibt und verändert, ohne jemals solche Gnaden erfahren zu haben. Gott will nicht nur, dass wir etwas über diese Gnaden erfahren; er will, dass wir sie wirklich erleben. Um praktisch in der Gnade Jesu zu leben und sie zu erfahren und durch sie verändert zu werden, müssen wir mit Gott darüber sprechen. Wir müssen Gott darum bitten und dann an die Vergebung unserer Sünden und an seine verändernde Kraft glauben. Dieser Schritt ist ganz entscheidend.

Das Wissen darüber verändert die Art und Weise, wie wir reagieren, wenn wir im Kampf gegen die Pornografie versagt haben. Gewöhnlich reagieren wir auf moralisches Versagen, indem wir uns innerlich selbst geißeln. Sie haben das sicher selbst schon erlebt. Sie haben gesündigt, indem Sie wieder Pornografie angeschaut haben. Dann geht es los mit solchen Gedanken wie: ›Ich bin scheußlich. Ich bin erbärmlich. Was habe ich mir nur wieder dabei gedacht? Wenn meine Freunde wüssten, was ich getrieben habe – sie würden nicht mehr mit mir reden. Nie wieder kann ich in der Gemeinde einen Dienst tun, wenn ich nicht endlich damit aufhöre. Was wäre, wenn mein Partner davon erfährt? Was, wenn meine Freundin dahinterkommt? Und meine Eltern? Was werden die Verantwortlichen der Gemeinde sagen, wenn sie das erfahren? Was werden die anderen Gemeindeglieder sagen? Ich verdiene es nicht, ein Christ genannt zu werden. Vielleicht bin ich gar keiner.‹ So quälen Sie sich durch solche Selbstbestrafungen, die aus Ihrer Schuld erwachsen und nur noch mehr Schuldgefühle produzieren.

Nichts davon ist hilfreich, auch wenn es den meisten Menschen so ergeht, die mit Pornografie und Begierden zu kämpfen haben. Selbstanklagen können nicht helfen, weil man dann mit der Sünde in egozentrischer Weise umgeht und sie nicht zu Jesus Christus bringt. Darüber zu sinnieren, wie elend und beklagenswert Sie sind, setzt nur Ihre sündige Egozentrik fort, die Sie anfangs dazu verleitete, Pornografie anzuschauen. Verdammende Selbstgespräche lassen nur *Sie* weiter im Mittelpunkt stehen, wenn *Sie* darüber nachdenken, was *Sie* getan haben. *Sie* drehen sich nur um sich selbst, wenn *Sie* sich vorstellen, was *Sie* dafür verdienen. Immer geht es nur um *Sie*. In alldem ist zu viel von *Ihnen*, das ist das Problem. *Sie* brauchen *Christus*. Sie können diesen Teufelskreis nur durchbrechen, wenn Sie aus dieser Selbstbeschäftigung heraustreten und zu Jesus gehen. Sie müssen unbedingt mit Selbstgesprächen aufhören, bei denen es um Verurteilung geht, und anfangen, mit Gott zu sprechen, indem Sie Ihre Sünden bekennen.

Was ich Ihnen da eben gesagt habe, ist wirklich eine ganze Menge, und Sie sollten gut hinhören und es noch einmal lesen, wenn Sie nicht alles verstanden haben. In dem Maße, wie der Herr Sie von der Sünde der Pornografie befreit, findet eine der größten Veränderungen in Ihrem Leben statt. Sie werden lernen, auf Pornografie zu reagieren, indem Sie sich dem schonungslosen Urteil des Wortes Gottes über diese Sünde aussetzen. Außerdem beginnen Sie, auf Ihre Sünde zu reagieren, indem Sie in Gebet und Bekenntnis mit Gott reden. Selbstgespräche und Selbstverurteilungen helfen gar nichts, um Gottes vergebende und verändernde Gnade zu ergreifen. Vielmehr kommt es auf Buße an.

In Ihrem Kampf gegen die Pornografie wird eine Gezeitenwende eintreten, wenn Sie anfangen, die vergebende *und* die verändernde Gnade zu ergreifen, sobald Sie verstehen, Buße zu tun. Um Befreiung zu erleben, *müssen* Sie Buße tun. Es geht nicht anders, als dass Sie in wahrer Zerbrochenheit zu Christus kommen, enttäuscht und voller Abscheu vor sich selbst. Sie müssen mit ihm darüber reden. Sagen Sie ihm, was Sie getan haben. Sagen Sie ihm, was Sie gedacht und sich gewünscht haben. Seien Sie ehrlich! Weinen Sie und bitten Sie ihn um Vergebung. Bitten Sie ihn um die Gnade zur Veränderung. Indem Sie das tun, bewegen Sie sich weg vom Selbstvertrauen, was die Befreiung von Ihrer Sünde angeht. Kommen Sie vielmehr zum Thron der göttlichen Gnade, wo Jesus auf Sie wartet, um Ihnen in seiner Barmherzigkeit zur rechten Zeit zu Hilfe zu kommen (Hebr 4,16).

Hoffnung und Gnade

Gottes Gnade lässt Hoffnung aufkommen. Es ist gut möglich, dass Sie dieses Buch voller Verzweiflung aufgeschlagen haben. Vielleicht haben Sie sich neulich erst und zum wievielten Mal erlaubt, Pornografie anzuschauen, und nun haben Sie endlich genug davon. Vielleicht haben Ihr Partner, die Eltern, Mitarbeiter oder weisungsberechtigte Autoritäten Ihre heimliche Leidenschaft entdeckt, und nun haben Sie zu Hause, in der Gemeinde, bei der Arbeit oder vor dem Gesetz Schwierigkeiten. Einerlei, worum es im Einzelnen geht, Sie können einfach nicht glauben, dass eine Veränderung möglich ist.

Es ist nicht so, dass Ihre Verzweiflung grundlos wäre. Immerhin macht es durchaus Sinn zu verzweifeln, wenn Sie auf dieses zerstörerische Problem blicken, das Millionen von Leuten vor Ihnen gefangen genommen hat und weitere Millionen nach Ihnen in die Falle locken wird. Es macht Sinn, wenn man auf die lebensverderbenden Konsequenzen blickt – auf eine unterbrochene Beziehung zum Herrn, eine zerstörte Beziehung zum Partner, auf Misstrauen bei Kindern, Eltern oder Freunden und auf die Tatsache, dass man seinen Arbeitsplatz verloren hat bzw. seinen Dienst in der Gemeinde nicht mehr ausüben kann. Es macht Sinn zu verzweifeln, wenn Sie in sich hineinblicken und die völlige Unfähigkeit erkennen, sich aus eigener Kraft verändern zu können. Es gibt viele berechtigte Gründe zu verzweifeln, sobald man diesen trostlosen Tatsachen ins Auge blickt.

Aber die Logik der Verzweiflung wird durch das Wunder der Gnade durchbrochen. Unter der Kraft Gottes schmilzt die Verzweiflung, wenn Sie durch Buße seine vergebende und verändernde Gnade ergreifen. Pornografie ist eine Seuche, die unzählige Menschenleben zugrunde gerichtet hat und auch Ihres zerstören kann. Die nüchterne Tatsache ist, dass Sie die zur Veränderung nötigen Mittel nicht in sich selbst haben.

»Wo aber die Sünde überströmend geworden ist, ist die Gnade noch überreichlicher geworden« (Röm 5,20).

Einerlei, wie schrecklich Pornografie ist, ungeachtet dessen, in welchem Elend Sie stecken, ganz gleich, wie unsicher und schwach Ihre Hilfsmittel sind – niemals stecken Sie so tief im Sumpf, dass Jesu Gnade Sie nicht herausholen könnte. Die große Gefahr für Ihren Kampf besteht darin, dass Sie all Ihre Energie darauf verwenden, wahre und schreckliche Dinge über Pornografie zu denken, und dann keine Zeit mehr für die wahren und wunderbaren Dinge haben, die Jesus betreffen.

Ob Mann oder Frau – es gibt keinen Pornosüchtigen, der so versklavt wäre, dass Jesus ihn nicht befreien könnte. Kein Kampf um Reinheit ist so intensiv, dass Jesu Gnade diese Schlacht nicht gewinnen könnte. Und es gibt keine Konsequenz, die so unüberwindlich wäre, dass Jesu Kraft Sie nicht hinübertragen könnte. Jesu verändernde Gnade ist mächtiger als die Macht der Pornografie, die Sie zerstören will. Jesu Gnade ist stärker als Ihr Verlangen, Sex anzuschauen. Während für Sie keine Hoffnung besteht, wenn Sie Pornografie anschauen, besteht alle nur vorstellbare Hoffnung, wenn Sie auf Gott und seine Gnade blicken.

Es gibt Hoffnung auf dauernde Veränderung, wenn Sie Gott in wahrer Buße anrufen und ihn um seine vergebende und verändernde Gnade anflehen. Wenn Sie darum im Glauben bitten, *wird er sie Ihnen niemals verweigern*. Dieses Gebet ist der allererste Schritt, den Sie unternehmen müssen, wenn Sie sich von Pornografie abwenden wollen. Gottes Gnade ist jeden Augenblick erfahrbar. Blättern Sie nicht um, bevor Sie nicht in Buße der göttlichen Gnade begegnet sind! Wenn Sie zum Umblättern bereit sind, werde ich anfangen, acht praktische Elemente der verändernden Gnade Gottes zu entfalten, die er seinen Geliebten mit Freuden gewährt, wenn sie ihn darum bitten.

Kämpfen Sie um Reinheit in der Kraft der Gnade

1. Beten Sie jetzt sofort zu Gott und bekennen Sie Ihre Sünde, Pornografie angeschaut zu haben. Suchen Sie die vergebende Gnade Gottes, die Sie davon befreit.
2. Wenn Sie beten, bitten Sie Gott um die mächtige verändernde Gnade, damit Ihr Leben umgestaltet wird.
3. Hören Sie nicht auf zu beten, bis Sie sicher glauben, dass Sie in Christus sowohl an der vergebenden als auch an der verändernden Gnade Anteil haben.

KAPITEL 2

Nutzen Sie Ihren Kummer im Kampf gegen Pornografie

Ryan saß schluchzend in meinem Büro. Er weinte nicht nur, er schluchzte. Seine Hände waren dauernd dabei, Ozeane von Tränen aus seinem Gesicht zu wischen, während er wehklagend und mit tiefem Bedauern seine Sünde bekannte. Seine Frau saß neben ihm mit einem Gesicht – so hart, als sei es aus Granit gemeißelt. Ryan und Lisa waren fünfzehn Jahre lang verheiratet. Sie hatten drei Kinder. Sie waren zu mir gekommen, weil ihre eineinhalb Jahrzehnte dauernde Ehe ganz von Ryans Liebe zur Pornografie überschattet war. Nachdem Lisa dies zum wiederholten Mal entdeckt hatte, verwandelte sich ihre anfängliche Mutlosigkeit in völlige Verzweiflung. Und nun war aus Verzweiflung Verachtung geworden. Lisa war am Ende – sie wollte die Kinder nehmen und weit von Ryan fortziehen. Ryans Gejammer und seine Bettelei, sie möge doch bei ihm bleiben, waren so verzweifelt und laut, dass sie die Aufmerksamkeit der Leute unten im Flur erregten.

Daves Geschichte war ähnlich. Er war seit zwanzig Jahren mit Marie verheiratet. Er hatte sich ab und zu mit Pornografie beschäftigt, indem er dann und wann einschlägige Magazine kaufte. Seit einem Jahr aber hatte er Pornografie im Internet entdeckt. Als er herausgefunden hatte, wie einfach und anonym man dort Pornografie ansehen konnte, war er völlig versklavt worden. David verbrachte Stunden vor dem PC, um sich entsprechendes Material anzuschauen, und allmählich verlor er das Interesse an seiner Frau. Marie merkte, dass sich etwas verändert hatte, war aber nicht darauf vorbereitet zu entdecken, dass ihr Mann pornosüchtig war. Voller Schrecken verließ sie ihr gemeinsames Heim und wohnte bei Bekannten. Wie auch Ryan bat Dave unter lautem Weinen, Marie möge ihm verzeihen. Er schwor ihr, niemals wieder Pornografie anzusehen. Er weinte auf Knien und lag in völliger Zerbrochenheit schluchzend zu Maries Füßen.

Dave und Ryan kennen einander nicht, aber sie erleiden ein gleiches Schicksal. Beide haben ernste Probleme mit Pornografie, und das schon eine lange Zeit. Beide sind Familienväter mit Frau und Kindern. Bei beiden ist das Band zur Familie wegen ihrer Sünde aufgelöst. Beide befinden sich in einer verzweifelten Lage, in der sie weinen und um Versöhnung betteln.

Ich kenne sowohl Dave als auch Ryan. Und ich weiß, wie ihre Geschichten weitergehen. Ich kann nur von einem berichten, dass er wirklich verändert wurde. Nur einer dieser beiden Männer versöhnte sich mit seiner Frau und wurde wiederhergestellt zu einem glücklichen, pornofreien Leben mit seiner Familie. Der andere ist jetzt von seiner Frau geschieden und lebt völlig getrennt von den Kindern. Einer ist wiederhergestellt und führt ein glückliches Leben in seiner Familie und sieht sich nicht mehr Pornografie an. Einer war also an jenem Tag an einer echten Veränderung interessiert, der andere nicht. Was meinen Sie, wer hat sich verändern lassen?

Das ist nicht leicht herauszufinden, oder? Beide Männer hatten zerbrochene Herzen. Beide meinten es ernst. Beide zeigten offensichtlich Hingabe an ihre Familie. Beide schienen willig zu sein, ungeachtet der Kosten alles zu tun, ihren sündigen Lebenswandel zu ändern. Trotz ihrer äußerlichen Ähnlichkeiten waren diese beiden Männer so unterschiedlich wie Katzen und Hunde. Obwohl sie beide Kummer offenbarten, entsprangen ihre Tränen zwei völlig unterschiedlichen Quellen.

Zwei Arten von Kummer

In einem Brief, den der Apostel Paulus an die Christen in der Stadt Korinth geschrieben hat, hilft er uns, den Unterschied zwischen diesen beiden Männern zu verstehen. Paulus stand in einer komplizierten Beziehung zu den Korinthern. Sie sündigten in vielerlei Hinsicht und wurden von falschen Lehrern in die Irre geführt. Paulus' Aufgabe bestand nun darin, sie zurechtzuweisen und sie zur Glaubenstreue zurückzurufen. Diese korrigierenden Maßnahmen führten zu einigen deutlichen Aussagen des Apostels und zu einer betrübten Erwiderung durch die Korinther. Nachdem sich die Korinther wieder Christus zugewandt hatten, schrieb Paulus ihnen die folgenden Worte über die Traurigkeit, die sie seither erlebt hatten:

> »Denn wenn ich euch auch durch den Brief[1] betrübt habe, so reut es mich nicht, wenn es mich auch gereut hat; denn ich sehe, dass jener Brief, wenn auch nur für eine Zeit, euch betrübt hat. Jetzt freue ich mich, nicht, dass ihr betrübt worden seid, sondern dass ihr zur Buße betrübt worden seid; denn ihr seid Gott gemäß betrübt worden, damit ihr in nichts von uns Schaden erlittet. Denn die Betrübnis Gott gemäß bewirkt eine nie zu bereuende Buße zum Heil; die Betrübnis der Welt aber bewirkt den Tod. Denn siehe, ebendieses, dass ihr Gott gemäß betrübt worden seid, wie viel Fleiß hat es bei euch bewirkt! Sogar Verantwortung, sogar Unwillen, sogar Furcht, sogar Sehnsucht, sogar Eifer, sogar Vergeltung. Ihr habt in allem bewiesen, dass ihr an der Sache rein seid« (2Kor 7,8-11).

---

1 A. d. H.: Dieser Brief ist nach Ansicht der meisten Ausleger zeitlich zwischen dem 1. und 2. Korintherbrief einzuordnen. Er wird auch als »Tränenbrief« bezeichnet.

In diesem Abschnitt macht Paulus einen Unterschied zwischen zwei Arten von Betrübnis. Diese beiden Betrübnisse besitzen zwei unterschiedliche Merkmale und erzeugen gegensätzliche Ergebnisse. Wir aber verwechseln sie oft, weil wir nur das offenbarste Element – die Betrübnis selbst – wahrnehmen. Nur selten stellen wir die Frage danach, wie tief die Reue geht oder wie schmerzlich das Bedauern ist oder wie leidenschaftlich die Bitten um Verzeihung sind. Paulus machte es besser. Indem er einen Vergleich benutzt, zeigt er den Korinthern, dass nicht jede Betrübnis die gleiche Ursache hat.

Eine Art der Betrübnis nennt Paulus »Betrübnis der Welt«. Weltliche Betrübnis ist legitim. Da herrschen wirkliche Traurigkeit und Zerbrochenheit, und es fließen Tränen, wenn ein Mensch diese Art von Betrübnis erfährt. Aber es geht nicht darum, *ob* ein Mensch betrübt ist, sondern darum, *über was* er betrübt ist. Die weltliche Betrübnis blickt auf die Welt. Menschen, die weltliche Betrübnis erleben, sind traurig, weil sie etwas verlieren (oder zu verlieren meinen), was die Welt ihnen zu bieten hat. Solch ein Verlust kann die Reputation sein oder die Arbeit, das Geld, die Familie, die sexuelle Erfüllung und sogar der Zugang zur Pornografie – eben alles, was Sicherheit, Komfort oder Vergnügen verspricht. Einige dieser Dinge sind gut, und andere sind sündig, aber sie sind alles *Dinge dieser Welt*. Eine von weltlicher Betrübnis erfasste Person trauert darüber, Innerweltliches zu verlieren – einerlei, wie ehrenhaft oder unehrenhaft die Sache auch sein mag.

Diese Art weltlicher Betrübnis führt zum Tod. Sie ist todbringend, weil sie dem gleichen Herzen entspringt, das anfangs Pornografie anschauen wollte. Diesen Zusammenhang zu erkennen, ist entscheidend. Ein sündiges Herz, das Pornografie anschauen möchte, sagt: »*Ich* will alles haben, und zwar zu jeder Zeit. Es ist mir gleich, ob es gefährlich ist, ob es Gott wehtut oder meine Lieben verletzt. *Ich* will, dass alle meine Wünsche erfüllt werden.« Solch ein Herz sündigt, indem es seinem Vergnügen nachjagt. Weltliche Betrübnis wird davon beherrscht, dass sie all diese Objekte in ihrer selbstsüchtigen Begierde behalten will. Bei allen Tränen und allem Schmerz geht es im Grunde um den Verlust weltlicher Güter. Wenn Sie in dieser Gesinnung weinen, dann wegen der Dinge, die Sie zu verlieren fürchten und die Sie doch so gern behalten hätten. Sie haben Pornografie angeschaut, weil Sie ein eigensüchtiges Leben führten. Jetzt sind Sie traurig, dass Sie verlieren, was Sie so ungern loslassen. Das ichzentrierte Herz ist das gleiche geblieben – einerlei, ob Sie lüstern Pornografie anschauen oder ob Sie tränenreich weltliche Betrübnis äußern. Es ist erschreckend, dass selbst unsere Betrübnis über die Sünde selbstsüchtig und Ausdruck der Sünde sein kann.

Es gibt auch eine andere Art von Betrübnis. Paulus nennt sie eine »Betrübnis Gott gemäß«. Sie mag genauso traurig aussehen wie die weltliche Variante, aber bei ihr geschieht im Herzen etwas völlig anderes. Weltliche Betrübnis trauert über den Verlust weltlicher Dinge, während gottgemäße Betrübnis Gott selbst im Blick hat. Die gottgemäße Betrübnis schmerzt es, wenn die Beziehung zu Gott unterbrochen ist. Sie ist untröstlich, weil sie Gott betrübt und beleidigt hat. Die Tränen gottgemäßer Betrübnis fließen aus dem Kummer, Gottes heiliges Gebot übertreten zu haben, das er in seiner Liebe gegeben hat. Natürlich kann es auch gottgemäße Betrübnis beim Verlust in der Familie, bei beschädigten Beziehungen oder anderen Konsequenzen geben. Man muss die praktischen Konsequenzen der Sünde nicht gernhaben. Doch es ist nicht der Schmerz über die Strafen, der gottgemäße Betrübnis bewirkt. Gottgemäße Betrübnis wird durch Gott ausgelöst und richtet sich auf ihn.

Gottgemäße Betrübnis erzeugt Buße, die ohne Reue zum Heil führt. Gottgemäße Betrübnis bringt Leben hervor. Sie kennzeichnet den Übergang von sündiger Ichsucht, die zum Anschauen von Pornografie führt, und von der gleichermaßen ichsüchtigen weltlichen Betrübnis hin zu einem echten Interesse an Gott und zu einem Leben, das ihn ehrt. Ein von gottgemäßer Betrübnis erfüllter Mensch möchte Gott mehr gefallen als sich selbst. Und gottgemäße Betrübnis motiviert zu einer wirklichen und anhaltenden Veränderung.

Obwohl Ryan und Dave äußerlich den Anschein erweckten, als sei ihre Betrübnis gleich, geschahen im Inneren, d.h. in ihren Herzen, völlig unterschiedliche Dinge. Hier geht es um den Unterschied, der alles mit Ihnen und Ihrem Kampf zu tun hat, um von dem Griff der Pornografie freizukommen. Während Sie dieses Buch lesen, kann es gut sein, dass Sie Tränen vergossen haben, weil Sie mitten in einem solchen Kampf stehen. Die wichtige Frage ist für Sie nicht, ob Dave oder Ryan weltliche oder gottgemäße Betrübnis zeigten. Die allerwichtigste Frage ist vielmehr, welcher Art *Ihre* Betrübnis ist. Wie können Sie wissen, ob Ihre Tränen fließen, weil es Ihnen um weltliche Dinge oder um Gott geht?

Kennzeichen gottgemäßer Betrübnis

In diesem Zusammenhang wird 2. Korinther 7,8-11 noch weit praktischer. Paulus stellt nicht nur den Unterschied zwischen lebloser Betrübnis und Leben gebender Betrübnis heraus, sondern beschreibt auch im Detail die Unterschiede. Er erwähnt sechs Kennzeichen gottgemäßer Betrübnis.

1. Gottgemäße Betrübnis nimmt die Sache ernst.

Die Betrübnis der Welt nimmt die Sünde wahr, zuckt vor dem Schmerz zurück und fühlt sich überführt – eine Zeit lang. Die Betrübnis der Welt reagiert auf diese Überführung mit Gebet – eine Zeit lang. Die Betrübnis der Welt ist tatsächlich fest entschlossen, gegen die Sünde anzukämpfen – eine Zeit lang.

Das Problem ist, dass diese neu gewonnene Überzeugung, diese Rückbesinnung auf das Gebet und diese emotionale Entschiedenheit nicht lange anhalten. Der Schmerz über das Verlorene (oder die Furcht, etwas zu verlieren) schwindet dahin. Irgendwie kommen Sie dahinter, dass Ihr Leben auch ohne das Verlorene weitergeht, oder Sie können es durch etwas anderes ersetzen. Wenn Sie das plötzlich begreifen, verschwindet Ihre Betrübnis wie der Atemhauch an einem kalten Wintermorgen.

Gottgemäße Betrübnis ist nicht so kurzatmig; vielmehr ist sie sehr ernsthaft. Gottgemäße Betrübnis strengt sich an und sucht mit aller Kraft gegen die Sünde zu kämpfen, obwohl der Kampf schier endlos ist. Biblische Reue über die Sünde reicht weit über ein kurzes Zusammenzucken wegen der Schmerzen und über sich verflüchtigende Gewissensbisse hinaus. Gottgemäße Betrübnis hört monate- und jahrelang nicht auf, gegen Pornografie zu kämpfen, wenn die Betrübnis der Welt den Kampf längst aufgegeben hat. Wenn die Betrübnis, die Sie beim Kampf gegen Pornografie empfinden, nicht zu einer wirklichen und andauernden Umgestaltung führt, dann handelt es sich um eine Betrübnis der Welt, und Sie müssen sich ganz ernsthaft nach etwas Besserem umsehen.

2. Gottgemäße Betrübnis führt dazu, mit allem Eifer um Reinheit zu kämpfen.

Wenn Ihre Betrübnis aus einem Herzen kommt, das mehr auf Gott als auf Sie selbst ausgerichtet ist, werden Sie danach streben, von der Sünde der Pornografie rein zu werden. Die Betrübnis der Welt verschwindet bald und wird schnell durch neues Interesse an Pornografie ersetzt. Sie entdecken dann bald, dass Sie auf dem Wege sind, sich wieder diesem Laster hinzugeben. Gottgemäße Betrübnis sehnt sich danach, von der Pornografie loszukommen, und tut alles, sie so schnell und gründlich wie möglich aus dem eigenen Leben zu verbannen.

Dieser Eifer, von der Pornografie loszukommen, zeigt sich in der Praxis auf zweifache Weise. Erstens trachten Sie danach, verantwortungsvoll zu werden. In diesem Kampf brauchen Sie Hilfe, weil er unmöglich allein gewonnen werden kann. Verantwortlichkeit bedingt die Mitwirkung anderer Christen, die Ihnen helfen, neue Strategien zu entwickeln, die aktiv auf Sie achtgeben, regelmäßig nachfragen und intensiv für Sie beten. Zweitens bedeutet es, dass Sie ganz radikale Maßstäbe anlegen, um sicherzugehen, dass Sie keinerlei Zugang mehr zur Pornografie haben. Diese versklavende Sünde ist nur mit den drastischsten Mitteln zu besiegen, indem jegliche Verbindung zu ihr abgeschnitten werden muss.

Verantwortlichkeit und drastische Maßnahmen werden noch detaillierter in späteren Kapiteln behandelt. Vorerst brauchen Sie nur Folgendes zu wissen: Wenn Ihre Betrübnis Sie nicht dazu bringt, sich anderen zu öffnen und Ihren Zugang zur Pornografie ganz zu unterbinden, dann ist Ihre Betrübnis die Betrübnis der Welt, und diese führt zum Tod.

3. Gottgemäße Betrübnis führt zum Abscheu gegen Pornografie.

Gottgemäße Betrübnis erzeugt Abscheu. Sie erzeugt auch Hass. Die Betrübnis der Welt erzeugt ebenfalls Hass, aber dieser richtet sich auf andere Dinge. Die Betrübnis der Welt hasst die Konsequenzen der Sünde. Die Tränen weltlicher Betrübnis entspringen der Scham, weil man seine Arbeitsstelle verloren hat oder den bisherigen gemeindlichen Dienst nicht mehr ausüben kann. Dann hegen Sie Widerwillen gegen Ihre Frau, weil ihr vor Ihnen graut, oder Sie ärgern sich, weil Sie in der Schule bzw. von Ihren Eltern zurechtgewiesen wurden, oder über ähnlich schmerzliche Resultate Ihrer Sünde. Der Hass weltlicher Betrübnis ist der Ärger, ertappt worden zu sein.

Gottgemäße Betrübnis hasst die Sünde an sich. Gottgemäße Betrübnis empfindet, wie schrecklich der Ungehorsam ist, und weint darüber, dass das Herz wirklich die Übertretung dem Glaubensgehorsam vorgezogen hat. Das schmerzvolle Leid der lebendig machenden Betrübnis wird durch das alles durchdringende Bewusstsein erzeugt, dass jede Sünde Gott zutiefst schmerzt, selbst wenn sonst niemals jemand davon erfährt. Die weltliche Betrübnis trauert, weil die Leute von Ihrer Sünde erfahren haben. Die gottgemäße Betrübnis trauert, weil Gott von Ihrer Sünde weiß. Weltliche Betrübnis trauert über eine zerstörte Beziehung zu der Ehefrau, den Kindern oder anderen Menschen. Gottgemäße Betrübnis betrauert eine unterbrochene Beziehung zu Gott. Betrübnis ist todbringend, wenn sie ichzentriert ist. Wir müssen Buße tun und mit David sagen: »Gegen dich, gegen dich allein habe ich gesündigt« (Ps 51,6).

4. Gottgemäße Betrübnis führt zu Unruhe.

Gottgemäße Betrübnis erzeugt Unruhe. Das ist eine gesunde Art von Furcht. Weltliche Betrübnis erzeugt ebenfalls Unruhe, doch ist sie fehlgeleitet. Die Furcht der weltlichen Betrübnis besteht darin, dass die Leute etwas erfahren. In weltlicher Betrübnis haben Sie weder Ernsthaftigkeit noch Eifer darauf verwandt, sich von der Sünde zu befreien. Sie mögen den Anschein einer Veränderung erweckt haben, doch wurde keine Wirklichkeit daraus. Es dauerte nicht lange, und Sie sahen sich wieder den gleichen Kram an. Nun leben Sie in ständiger Sorge, die Leute könnten (vielleicht zum wiederholten Mal) herausfinden, dass Sie nicht aufrichtig sind. Alle Ihre Bemühungen gehen einzig dahin, nicht ertappt zu werden. Sie versuchen, sich in der Dunkelheit zu verbergen, statt diese Dunkelheit dem Licht auszusetzen. So etwas wird nie zu einer dauerhaften Veränderung führen.

Gottgemäße Betrübnis fürchtet sich nicht davor, dass die Menschen von der Sünde erfahren. Sie fürchtet vielmehr den Gott, der alles bereits weiß. Er ist die einzige Person, auf die es letztendlich ankommt. Ich bin ein sehr sündiger Mensch und habe das Blut

Jesu bitter nötig, damit mir mein vielfältiges Versagen Gott gegenüber vergeben werden kann. Wenn ich daran denke, auf wie viele Weisen ich auch als Christ noch gesündigt habe, dann erkenne ich die Arroganz in meinem Herzen. Mir wird bewusst, welchen Schaden ich mir selbst durch das Sündigen zugefügt habe. Ich begreife, wie viel Schmerz ich durch meine Sünde über andere gebracht habe, und mein Herz ist tief betrübt, weil ich Gott durch meine Sünden so vielfach enttäuscht habe. Ich bin sündig, Gott aber ist die Vollkommenheit und Reinheit in Person. Er kann nicht ohne Zorn auf die Eigenliebe und Unreinheit der Sünde blicken. Darum erstaunt es mich im höchsten Maß, dass Gott mich während solcher Zeiten tiefer Sünde am Leben ließ. Obwohl ich mich ihm bewusst widersetzte, gab er mir Luft zum Atmen, Nahrung, Obdach und unzählige andere Gaben. Gottgemäße Betrübnis begreift aber, dass Gott die Sünde an sich nicht ertragen kann. Es ist die wahre Gottesfurcht, untermischt mit dem Bewusstsein seiner Gnade, die uns verstehen lässt, dass Gott uns nicht die Strafe gibt, die wir eigentlich verdient haben.

5. Gottgemäße Betrübnis führt zu einem sehnlichen Verlangen nach Wiederherstellung.

Gottgemäße Betrübnis trachtet mit ganzem Herzen danach, Beziehungen wiederherzustellen. Paulus lobt die Korinther, weil es ihnen so sehr darum ging, wieder Gemeinschaft mit dem Apostel zu haben, nachdem die Sünde sie von ihm getrennt hatte (2Kor 7,7). Sünde trennt uns voneinander, indem sie Dissonanzen in die Gemeinschaft bringt und Entfremdung anstatt Vertrautheit schafft.

Gottgemäße Betrübnis beweist sich selbst durch das tiefe Bedürfnis, zerbrochene Beziehungen wiederherzustellen. Gottgemäße Betrübnis schmerzt der Keil der Trennung, den die Pornografie zwischen Sie und Gott getrieben hat. Sie sehnt sich nach Wiederherstellung. Gottgemäße Betrübnis trägt Leid wegen der Entfremdung, die Ihre Sünde in Ihren Beziehungen zu anderen bewirkt hat, und möchte diese Kluft überwinden.

Die Betrübnis der Welt lässt das Vergangene ruhen. Sie ist der Meinung, dass man nicht mehr darüber sprechen und schlafende Hunde nicht wecken sollte. Wenn Ihre Tränen dazu führen, dass Sie sich von Menschen entfernen, anstatt ihnen näherzukommen, dann sind Ihre Tränen weltliche Tränen. Weltliche Traurigkeit missachtet Gott, anstatt sich immer deutlicher auf seine Vergebung zu stützen. Sie gibt sich mit zerbrochenen Beziehungen zufrieden. Lebendig machende Betrübnis erfüllt Sie hingegen mit starkem Eifer, jede zerbrochene Beziehung zu heilen. Entweder treibt Ihre Betrübnis Sie in die Ichhaftigkeit hinein oder hin zu Gott und zu dem Nächsten.

6. Gottgemäße Betrübnis führt dazu, nach Gerechtigkeit zu verlangen.

Einmal beriet ich einen Mann namens Tyler, der anfing, Pornografie anzuschauen. Er befand sich in dem falschen Glauben, sich selbst unter Kontrolle zu haben. Er lernte auf schmerzliche Art und Weise, dass man Sünde niemals unter Kontrolle hat. Die Sünde ist ein grausamer Herr und kein untertäniger Diener. Jahre später sah er mehr und immer perversere Pornografie, als er je für möglich gehalten hatte. Einige Wochen vor unserem ersten Treffen war er wegen des Besitzes von Kinderpornografie verhaftet worden. Tyler brauchte dringend Hilfestellung zur Verhaltensänderung, aber zuvor musste er sich einem unausweichlichen Gerichtstermin stellen.

Die ihn verhaftenden Beamten hatten bei der Festnahme Fehler gemacht, und ihre Anklage stand auf wackligen Füßen. Tylers Rechtsanwalt versicherte ihm, dass er, wenn er bei der Verhandlung auf »unschuldig« plädieren würde, bald auf freiem Fuß wäre. Tyler wunderte sich zunächst lautstark über das, was ich vorschlug, denn nach meiner Meinung ging alles um die Frage, ob er tatsächlich im Besitz von Pornografie gewesen war. Nachdem er sich vor mir zu seiner Schuld bekannte, sagte ich ihm, er könne nur auf unschuldig plädieren, wenn er sterben wolle. Wenn er aber leben wolle, müsse er sich für schuldig erklären und die Konsequenzen auf sich nehmen. Er schien verwirrt zu sein, bis ich ihm 2. Korinther 7,8-11 vorlas. Daraufhin verstand Tyler, was ich meinte, und bekannte sich schuldig.

Das Rechte zu tun, macht das Leben nicht in jedem Fall leichter. Aber ein sofortiger und kritischer Test, ob Ihre Betrübnis gottgemäßer oder weltlicher Art ist, liegt darin, ob Sie bereit sind, die Konsequenzen der Sünde auf sich zu nehmen. Wenn ja, dann besteht die Chance, dass Ihre Betrübnis Gottes Wesen entspricht und seinen Rettungsabsichten dient. Wenn Sie versuchen, sich den Konsequenzen zu entziehen, so ist Ihre Betrübnis höchstwahrscheinlich weltlicher Natur und dreht sich nur um Sie selbst.

***

Zum Schluss schreibt Paulus: »Ihr habt in allem bewiesen, dass ihr an der Sache rein seid.« Diese Aussage könnte bedeuten, Paulus hielte die Korinther in dieser Sache für rein von Sünde. Aber hier geht es nicht um Reinheit von Sünde. Vielmehr spricht Paulus von ihrer Buße über die Sünde. Indem sie die Zeichen gottgemäßer Betrübnis zeigten, bewiesen die Korinther, dass sie zwar nicht frei von Sünde, aber frei von weltlicher Betrübnis waren. Der Ernst, der Eifer, der Unwillen, die Unruhe, die Sehnsucht, die Betroffenheit und das Verlangen nach Gerechtigkeit zeigten, dass sie sich nicht jener Art von Betrübnis schuldig gemacht hatten, die zum Tod führt. Stattdessen stellten sie jene Betrübnis unter Beweis, die zu aufrichtiger Buße und ins Leben führt.

Der Unterschied zwischen Dave und Ryan

Beide Männer waren der Pornografie verfallen. Beide weinten über ihre Sünden, baten ihre Frauen, es noch einmal mit ihnen zu versuchen, und schworen Besserung. Doch heute geht nur einer mit Christus, indem er für seine Frau und die Kinder sorgt und wirklich umgestaltet worden ist.

Dave war derjenige, der nach seiner ersten Begegnung in meinem Büro wirklich verwandelt wurde. Er ist jetzt als Familienvater völlig wiederhergestellt. Ryan ist leider endgültig zu seiner Pornografie zurückgekehrt. Schließlich begann er, Onlinebegegnungen mit Frauen zu suchen, und wurde zu einer Gefahr für seine Familie. Er ist nun von seiner Frau geschieden und darf nicht in die Nähe seiner Kinder kommen. Er ist sogar eine Zeit lang im Gefängnis gewesen, weil sich sein Verhalten zu illegalen Aktivitäten auswuchs. Daves Tränen führten zu Aufrichtigkeit, weil sie gottgemäß waren. Ryans Tränen konnten zu keiner tatsächlichen Änderung führen, weil er niemals wirklich dazu bewegt wurde, die Dinge der Welt zu meiden und die Dinge Gottes zu suchen.

Der große Unterschied zwischen Ryan und Dave – und zwischen gottgemäßer und weltlicher Betrübnis – ist Gott! Weltliche Betrübnis liegt vor, wenn Sie den Schmerz der Sünde empfinden und doch noch weiterhin die selbstsüchtige Liebe zur Sünde in Ihrem Herzen pflegen. Gottgemäße Betrübnis stellt sich ein, wenn Sie über Ihre sündhafte Entfernung von Gott erschrocken sind und wieder in die rechte Stellung vor ihm gebracht werden wollen – koste es, was es wolle.

Wenn Sie mithilfe der Gnade um Reinheit ringen, müssen Sie wie Dave daran arbeiten, gottgemäßer Betrübnis nachzueifern. Ein Mensch, der mit gottgemäßer Betrübnis erfüllt ist, ist mit seinem Herzen und mit seinen Gefühlen ganz auf Gott hin ausgerichtet. Weltliche Betrübnis ist nur auf Sie selbst gerichtet, und

Ihre Liebe gilt dann einzig den Sicherheiten, Bequemlichkeiten und Vergnügungen dieser Welt.

Sobald Sie merken, dass Sie nur von weltlicher Betrübnis gequält werden, brauchen Sie eine radikale Veränderung. Ihr Herz und Ihre Gefühle müssen von Ihnen weg und auf Gott sowie auf sein Reich hin ausgerichtet werden. Sie werden nie von Pornografie befreit werden, wenn alle Bemühungen, damit aufzuhören, in Wirklichkeit nur schöngefärbte Anstrengungen Ihrer Selbstsucht sind. Solange Sie von Betrübnis erfüllt sind, die Ihrer Sünde gleicht und nur auf das gerichtet ist, was Sie gern besitzen möchten, werden Sie immer wieder zur Pornografie zurückkehren. Bevor Gott nicht das Wichtigste für Sie ist und das Sündigen gegen ihn Ihnen nicht das Herz bricht, werden Sie niemals »die Kurve kriegen«.

Ob Sie mit dem Fehlen von Betrübnis oder mit weltlicher Betrübnis geschlagen sind, kommt auf dasselbe heraus. Sie brauchen Gottes Vergebung und seine verändernde Gnade. Sie brauchen die vergebende Gnade, weil Sie falsch auf Ihre Sünde reagieren, und Sie brauchen die verändernde Gnade, damit Sie ein vor Gott gedemütigtes Herz bekommen, durch das er geehrt wird. Beide Gnaden können Sie jetzt haben. Sie brauchen nur darum zu bitten. Aber bevor Sie in diesem Buch weiterlesen, möchte ich Ihnen Mut machen, Christus zu suchen und ihn sowohl um seine vergebende als auch um seine verändernde Gnade zu bitten, falls Sie die gottgemäße Betrübnis erhalten möchten.

Kämpfen Sie um Reinheit in der Kraft der Gnade

1. Denken Sie zunächst eine Weile ehrlich darüber nach, ob Ihr Kampf mit der Pornografie Sie traurig gemacht hat. Wenn ja, dann fragen Sie sich: »Worüber bin ich traurig?« Sind Sie bekümmert, weil Sie ertappt wurden oder weil Ihre Beziehung zu Gott unterbrochen wurde? Bitten Sie Gott, Ihnen zu helfen, bei Ihrer Antwort ehrlich zu sein! Ihnen muss klar sein, dass es sich höchstwahrscheinlich um weltliche Betrübnis handelt, wenn Sie den Kampf gegen Pornografie noch immer als derjenige führen, der die Aufdeckung seines heimlichen Tuns fürchtet. Schreiben Sie alle Gründe für Ihre Trauer auf!
2. Verbringen Sie Zeit im Gebet und bitten Sie Christus um die vergebende Gnade, weil Sie nur von weltlicher Betrübnis erfüllt sind oder weil Sie gar keine Betrübnis empfinden. Bitten Sie um Christi verändernde Gnade, damit sie Ihr Herz (wegen Ihrer Sünde, Pornografie angeschaut zu haben) mit gottgemäßer Betrübnis erfüllt. Glauben Sie, dass Christus Ihnen gibt, worum Sie bitten, wenn Sie auf ihn vertrauen.
3. Um Ihre gottgemäße Betrübnis aufrechtzuerhalten, sollten Sie über bestimmte Bibelstellen nachsinnen (wie etwa Ps 25, Ps 32 oder Tit 2,11-15). Denken Sie daran, dass diese Stellen von der Güte Gottes und von der Schrecklichkeit der Sünde sprechen. Bitten Sie Gott, dass er Ihnen die Augen für den Schaden öffnet, den Ihre Sünde Ihrer Gottesbeziehung zufügt!

KAPITEL 3

Setzen Sie in Gesprächsgruppen die Verantwortlichkeit im Kampf gegen Pornografie ein

Es war einer jener wunderschönen Nachmittage im Frühherbst, wenn eine kühle Brise und eine heiße Tasse Kaffee in der Hand es besonders angenehm erscheinen lassen, draußen zu sitzen. Ich erwartete auf der Terrasse eines Cafés ein Gemeindemitglied, das mich sprechen wollte. Was dieser Mann mir zu sagen hatte, wusste ich nicht, aber ich betete während des Wartens, dass ich ihm irgendwie behilflich sein könnte. Ben erschien, und nach einigem Small Talk kam er zur Sache. Er stand in Gefahr, den Kampf gegen die Pornografie zu verlieren.

Ben kämpfte wirklich hart darum, die Sünde zu besiegen, aber zu echtem Bemühen hatte sich nur armseliger Erfolg gesellt und so zu ernsthafter Entmutigung geführt. Sein früherer College-Pastor hatte darauf bestanden, dass er eine Gruppe von Männern finden müsse, denen er Rechenschaft geben sollte. Ben hatte diesen guten Rat seither befolgt und sich Woche für Woche treu mit zwei Männern getroffen. Dabei hatten alle drei feststellen müssen, dass ihre Anstrengungen im Kampf gegen die Pornografie ins Stocken geraten waren – ohne sichtbaren Erfolg. Mein Freund kämpfte mit den Tränen, während er nach einer Erklärung für sein häufiges Versagen suchte. Warum blieb die Veränderung aus, wo er doch genau den Rat seines Pastors befolgt hatte?[2]

---

2 A. d. Ü.: Kritische, mit Suchttherapien vertraute Leser werden sicher den bekannten Ausdruck »Selbsthilfegruppen« vermissen. Wir wollen diesen Ausdruck aber bewusst vermeiden, weil dem Autor und uns klar ist, dass weder der Einzelne noch die Gruppe in der Lage ist, sich selbst zu helfen. Alle können sich nur gegenseitig in dem Bewusstsein der Verantwortung vor Gott in einem solchen Maß stärken, dass es in den Alltag der Anfechtungen hineinreicht. Außerdem hat Gott selbst sich vorbehalten, den aufrichtig Suchenden Vergebung und Sieg über ihre Sucht zu geben.

Die große Bedeutung der Verantwortlichkeit

Die Bibel sagt klar, dass Gläubige Verantwortungsbewusstsein nötig haben. Man höre dazu nur auf die Worte des Paulus in Galater 6,1-2: »Brüder, wenn auch ein Mensch von einem Fehltritt übereilt würde, so bringt ihr, die Geistlichen, einen solchen wieder zurecht im Geist der Sanftmut, wobei du auf dich selbst siehst, dass nicht auch du versucht werdest. Einer trage des anderen Lasten, und so erfüllt das Gesetz des Christus.«

Das Wort *Verantwortlichkeit* kommt in diesem Text nicht vor, aber er lehrt zwei äußerst wichtige Dinge darüber, dass wir in unserem Kampf mit der Sünde andere Menschen nötig haben. Erstens: Wenn Sie in Sünde gefallen sind, müssen Sie von jemandem wiederhergestellt werden, der im Geist lebt. Wir sind nicht dazu bestimmt, uns aus eigener Kraft aus dem geistlichen Sumpf zu ziehen. Wir benötigen die Hilfe anderer Christen. Sie werden nie von der Pornografie loskommen, bis Sie anerkennen, dass Sie für eine Veränderung Gottes Hilfe nötig haben, die er Ihnen durch Brüder oder Schwestern in Christus geben will.

Zweitens spricht dieser Abschnitt zu denen, die für einen anderen Menschen Verantwortung übernehmen. Paulus unterweist hier geistliche Mentoren, wie man Strauchelnde im Geist der Sanftmut und der Liebe wiederherstellt. Wenn wir an das Übernehmen von Verantwortung denken, meinen wir oft, es gehe nur darum, dass ein geistlich Weiser und Starker einem in Not geratenen Unerfahrenen oder Schwachen hilft. Vielmehr lehrt uns Paulus hier auch den anderen Aspekt: Wenn geistlich reife Menschen in ihrem Glaubensleben vorankommen wollen, brauchen sie ihrerseits die Strauchelnden, denen sie helfen wollen. Jesus befiehlt hier den geistlichen Mentoren, die Lasten anderer zu tragen, um auf diese Weise das Gesetz Christi zu erfüllen. Weise Mentoren brauchen also in diesem Sinne die Strauchelnden, um diesen Befehl ausführen zu können.

Vielleicht lesen Sie dieses Buch nicht als einer, der mit Pornografie zu kämpfen hat, sondern als einer, der einem Freund oder einem lieben Menschen helfen will, weil dieser vor eine entsprechende Herausforderung gestellt ist. Sie müssen Ihr Herz sorgfältig vor den Gefühlen der Frustration und des Ärgers bewahren, die schnell entstehen können, wenn Sie jemandem helfen wollen, dessen Kämpfe ganz anders verlaufen als Ihre eigenen. Das Wort Gottes sagt uns, dass wir die Lasten jener tragen sollen, die schwächer sind als wir und die bei ihrem Kampf gegen die Sünde ins Straucheln gerieten. Das sollten wir nie vergessen, auch wenn wir nicht mit dieser bestimmten Sünde zu kämpfen haben – alle brauchen an manchen Stellen Hilfe. Vielleicht dauert es gar nicht mehr lange, und Sie haben genau diese Hilfe von anderen nötig, worum die Betreffenden Sie jetzt bitten. Seien Sie großzügig und verständnisvoll im Umgang mit Ihrem strauchelnden Bruder oder Ihrer angefochtenen Schwester!

Verantwortlichkeit ist ein wesentliches Element im Kampf um Reinheit und Befreiung von Pornografie. Die Bibel sagt ganz deutlich, dass wir einander brauchen – einerlei, ob wir zu denen gehören, die in einer Übertretung gefangen sind, oder zu denjenigen, die einem solchen zu helfen versuchen. Sünder und solche, die deren Lasten zu tragen helfen, brauchen einander, um zu wachsen und Christus ähnlicher zu werden. Als Ben und ich an diesem kühlen Tag miteinander sprachen, entdeckten wir eine Reihe von Problemstellen in seinem Kampf gegen Pornografie. Es mangelte *nicht* an seinem Verständnis für Verantwortlichkeit. Ben musste nur lernen, seine Verantwortlichkeit effektiver als bisher einzusetzen. Ich glaube, es gibt sieben Grundsätze, die uns helfen, die allgemeine Schwäche zu überwinden, die wir in den meisten Beziehungen mit dem Ziel der Einübung von Verantwortlichkeit antreffen. Werden diese Grundsätze beachtet, können die Beziehungen so gestaltet werden, wie Gott es vorgesehen hat.

1. Effektive Verantwortlichkeit beruht nicht nur auf Verantwortlichkeit als solcher.

Bens Treffen mit seinen Kameraden war das Einzige, was er im Kampf mit der Pornografie unternahm. So wichtig das ist, es reicht nicht aus. In den folgenden Kapiteln werden Sie weitere Strategien kennenlernen, die man benötigt, um diesen Kampf zu gewinnen. Allzu oft haben die Leute, die mit Pornografie kämpfen, nur ihre Verantwortlichkeit als Waffe in ihrem Arsenal, aber obwohl sie eine wichtige Waffe ist, bleibt sie doch nur eine unter mehreren. Ungeachtet dessen, wie häufig die Treffen und wie offen die Bekenntnisse sind oder welche Ermutigung die Gruppe gibt, Ben muss auf breiterer Front angreifen, wenn er seine Sünde besiegen will, indem er seinen Versuchungen überall dort entgegentritt, wo sie auftauchen. Wer sein Waffenarsenal beschränkt, schmälert auch die Aussichten auf den Sieg. Dieses Buch nennt zahlreiche weitere Hilfsquellen, die Christus uns anbietet.

2. Effektive Verantwortlichkeit muss möglichst früh eingesetzt werden.

Vielleicht ähneln Ihre Treffen, um Verantwortlichkeit einzuüben, denen, die Ben beschreibt: Nachdem die Sitzung mit Gebet eröffnet wurde, wenden sich alle Ben zu. Jeder fragt ihn, wie es ihm in der vorigen Woche ergangen ist. Er windet sich: »Na ja, Leute, diesmal lief es nicht so gut. Tatsächlich habe ich mir zweimal Pornografie angesehen.« Alle drücken ihr Bedauern aus und versprechen zu beten.

Steve ist der Nächste. Weil er die Fragen erwartet, bekennt er schon im Voraus: »Mir ging es vorige Woche wie Ben. Ich komme mir schäbig vor, aber ich habe sogar viermal Pornografie angeschaut.« Wieder herrscht bei allen tiefes Bedauern. Steve tut allen leid, und sie sagen es ihm. Dann versprechen sie, auch für ihn zu beten, und er glaubt, dass sie es wirklich tun werden.

Jetzt kommt Nathan an die Reihe. Während Steve und Ben auf seinen Bericht warten, bricht Nathan das Schweigen mit einem nervösen Kichern: »Leute, ich bin nicht besser als ihr; ich hatte eine ziemlich gute Woche, aber gestern Abend gab ich nach und sah mir beinahe eine ganze Stunde Pornografie an.« Die anderen beiden sehen, dass Nathan sehr entmutigt ist, und legen ihm tröstend die Hände auf die Schultern. Sie versichern ihm, dass er in seinem Kampf nicht allein ist, und erinnern ihn an den Preis, den Jesus für Nathans Sünde bezahlt hat. Dann enden sie mit Gebet und ermutigen einander, stark zu sein. Außerdem vereinbaren sie, sich in der nächsten Woche zur gleichen Zeit erneut zu treffen.

Was stimmt an solchen Sitzungen nicht? Leider zeigt diese gut gemeinte Unterhaltung einen Umgang mit der Verantwortlichkeit, der gleich in mehrfacher Hinsicht falsch ist. Einer der Fehler liegt darin, dass die Betreffenden nur von den Sünden berichten, die sie schon begangen haben, anstatt um Hilfe zu bitten, den vor ihnen liegenden Versuchungen zu widerstehen. Mit anderen Worten: Sie warten bis zum Ende der Woche, um über die Pornografie zu reden, die sie angeschaut haben, anstatt sich für die aktuelle Woche nach Hilfe umzusehen. Es geht also um Hilfe in jener Zeit, in der sie versucht werden, bevor sie tatsächlich in Sünde fallen.

Viele dieser Gruppen, in denen Verantwortlichkeit eingeübt wird, dienen nur als Möglichkeit zu einem verspäteten Sündenbekenntnis. Sie müssen die Regeln ändern, wenn Sie von der Pornografie loskommen wollen. Sie müssen anfangen, mit Ihren Mentoren Kontakt aufzunehmen, während Sie in der Versuchung stehen, statt bei Ihrem Treffen Ihre Sünden einzugestehen, nachdem sie geschehen sind. Hier liegt eine ganz wesentliche Wahrheit, die Sie nicht außer Acht lassen dürfen: *Sie werden niemals eine dramatische Veränderung in Ihrem Kampf erleben, solange Sie unter Verantwortlichkeit nur verstehen, Ihre Sünden zu beschreiben, anstatt zu begreifen, dass Sie Hilfe brauchen, wenn Sie mitten in der Versuchung stehen.* Sie müssen Jesus um diese Gnade bitten und zusammen mit Ihren Gruppenmitgliedern vereinbaren, um Hilfe zu bitten, sobald einer aus Ihrer Gruppe merkt, dass er in Versuchung gerät. Alle, die nur auf das festgesetzte Treffen warten, um von ihren Sünden zu berichten, müssen sich ermutigen lassen, den Kampf viel früher aufzunehmen.

3. Effektive Verantwortlichkeit bezieht einen reifen Christen mit ein.

Ein weiterer Mangel in den von Ben beschriebenen Treffen liegt darin, dass diese drei jungen Männer trotz ihrer ernsthaften Absichten alle den gleichen Reifegrad erreicht hatten und von der gleichen Sünde gefangen gehalten wurden. Keiner aus der Gruppe besaß die geistliche Stabilität, um die allgemeine Verwirrung auszugleichen. Keiner der drei hatte die Erfahrung und Weisheit, die kollektive Verirrung zu korrigieren. Keiner, der fortwährenden Sieg kannte, war da, um die Gruppe aus dem lang anhaltenden Versagen herauszuführen. Sie müssen in jeder Gruppe, in der man füreinander Verantwortlichkeit übernimmt, jemanden haben, der in der praktischen Heiligung den anderen voraus ist.

In Galater 6,1-2 sehen wir, dass solche, die in Sünden gefangen sind, durch solche, die durch den Geist leben, wiederhergestellt werden sollen. »Durch den Geist leben« bedeutet nicht, »perfekt« zu sein. Kein Christ wird diesen ultimativen Stand erreicht haben, bevor er Jesus von Angesicht zu Angesicht sehen wird. Allerdings sagt uns dieser Abschnitt, dass Sie jemanden brauchen, der auf Ihrem speziellen Kampfgebiet größere Fortschritte gemacht hat. Wenn Sie Verantwortlichkeit bei solchen suchen, die in ihrem Kampf nicht weitergekommen sind als Sie selbst, mag Ihnen das Beruhigung verschaffen, aber Sie werden höchstwahrscheinlich keine wirkliche Veränderung erfahren. Sie müssen jemandem verantwortlich sein, der wirklich etwas davon weiß, was Sieg in puncto sexueller Reinheit bedeutet. Solche Leute sind bestens geeignet, Ihnen den Weg zur Freiheit in Ihrem eigenen Leben zu zeigen.

4. Zu effektiver Verantwortlichkeit gehört ein Mensch mit geistlicher Autorität und Vollmacht.

Es ist sehr wichtig, jemandem verantwortlich zu sein, der reifer ist als man selbst. Aber wir müssen noch einen Schritt weiter gehen: Sie müssen auch einem Menschen verantwortlich sein, der über so viel geistliche Autorität verfügt, dass er Ihnen zu einer Veränderung verhelfen kann. Wenn Sie fragen, was ich damit meine, dann sollten Sie auf Hebräer 13,17 blicken: »Gehorcht euren Führern und seid fügsam; denn sie wachen über eure Seelen.« Gott hat seinem Volk Führer gegeben, die geistliche Autorität besitzen. Und wir sind aufgerufen, solchen Führern zu folgen, weil sie über unsere Seelen wachen und dazu beitragen, sie zu beschützen. Alle, die Gott diesbezüglich bevollmächtigt hat, werden ihm selbst Rechenschaft darüber ablegen, wie sie ihrer Verantwortung entsprochen haben.

Solche Führer verfügen über eine Anzahl von Werkzeugen in der »Werkzeugkiste ihrer Verantwortlichkeit«, die andere reife Christen nicht besitzen. Ein Werkzeug ist die Fähigkeit, Ermahnungen auszusprechen, die auf ihre objektive und von Gott gegebene geistliche Autorität gegründet sind. Es wirkt durchgreifender, wenn ein Ältester Sie zur Buße ruft, als wenn es jemand aus Ihrer näheren Umgebung tut. Dieser Unterschied bezieht sich durchaus nicht auf einen Unterschied in dem persönlichen Wert. Vielmehr hat Gott geistlichen Führern mehr geistliche Autorität verliehen als denen, die er führen soll.

Geistliche Führer haben auch die Fähigkeit, die ganze Gemeinde zu leiten, um Glieder zu korrigieren, die sich weigern, angesichts fortwährender sündiger Verhaltensweisen Buße zu tun. Gott hat eine Reihenfolge eingesetzt, wie man Christen zur Umkehr ruft, die in einen Sündensumpf geraten sind. Zunächst sollen sie durch eine Einzelperson zur Rede gestellt werden, dann von mehreren Christen gemeinsam und schließlich von der gesamten Gemeinde (Mt 18,15-20). Das rebellierende Gemeindeglied kann auf jeder dieser Stufen Buße tun. Wenn es sich den entsprechenden Bemühungen um Wiederherstellung verweigert, muss es nach den Worten Jesu aus der Gemeinde ausgeschlossen werden. Geistliche Führer sind in der Lage, diesen vorgeschriebenen Prozess so einzuleiten, wie es anderen Christen nicht möglich ist.

Dieser Prozess wird oft »Gemeindezucht« genannt. In einem solchen Fall sieht sich der Betreffende einer ganz besonderen Verantwortung gegenüber. Christen, die Jesus Christus lieben und gern mit seiner Gemeinde verbunden bleiben wollen, werden lieber mit größtem Eifer gegen Pornografie kämpfen, als sich einer solchen schriftgemäßen Korrektur und Zucht durch andere Gemeindeglieder auszusetzen.

Unsere schwächelnde »christliche Kultur« betrachtet die Wahrnehmung dieser Art von Verantwortlichkeit durch Älteste oft als lieblos und autoritär. Außerhalb der Gemeinde Jesu kennt man sie aber sehr wohl. Im Geschäftsleben sind die Angestellten verantwortlich für das gemeinschaftliche Wohl und für die Aufrechterhaltung eines bestimmten Verhaltenskodex. Von Sportvereinen, die auf ihren Ruf achten, ist bekannt, dass sie die Umkleideräume immer wieder überprüfen. Zivile Organisationen stellen hohe ethische Ansprüche an ihre Mitglieder. Wenn die uns umgebende Kultur bereit ist, ihre Normen durchzusetzen, wie viel mehr sollten dann die Gemeinden und ihre Glieder darauf achten, wo doch Gottes Heiligkeit und sein ausdrücklicher Befehl auf dem Spiel stehen!

Wenn Sie noch nie Ihre Sünde einer der geistlichen Autoritäten Ihrer Gemeinde bekannt haben, schneiden Sie sich selbst von einer entscheidend wichtigen Quelle geistlicher Hilfe ab. Sie brauchen sie, wenn Sie es so ernsthaft meinen, wie es nötig wäre, um aus dem Würgegriff der Pornografie frei zu werden.

5. Effektive Verantwortlichkeit sollte beim Berichten nicht ins Detail gehen.

Mit den Empfehlungen in diesem Kapitel soll die Effektivität der Beziehungen zum Einüben von Verantwortlichkeit erhöht werden, aber Nr. 5 ist mehr als nur eine Empfehlung zur Verbesserung der Effektivität. Sie dient dazu, dass die Gespräche nicht zu einem Desaster werden. Die traurige Wahrheit ist nämlich, dass die Versuchungen noch größer werden können, wenn Menschen ihre Kämpfe allzu plastisch beschreiben. Leider kann eine Unterhaltung in einer solchen Gruppe, die der Förderung der Eigenverantwortlichkeit dienen soll, dazu führen, dass ganz gegen jede Absicht einem schwankenden Sünder weitere Orte und Wege zu vermehrter Pornografie gezeigt werden können. Dann dient alles nur dazu, seine fleischlichen Gelüste zu fördern, statt sie zu bekämpfen. Die Mitglieder dieser Gruppe können dahin gehend unweise sein, dass sie genaue Einzelheiten hinsichtlich der Pornografie schildern, die sie gerade gesehen haben, oder sie diskutieren Eigenarten der jeweiligen Akteure. Es ist auch möglich, dass sie verraten, wo sie ihre Pornografie versteckt haben. Unnötige Einzelheiten wie diese können solche gut gemeinten Gelegenheiten, Verantwortung zu lernen, in gefährliche Orte verwandeln, an denen die Versuchungen weiter angeheizt werden.

Wir sollten auf die Weisheit des Apostels Paulus achten, der in Epheser 5,11-12 schreibt: »Habt nicht Gemeinschaft mit den unfruchtbaren Werken der Finsternis, vielmehr aber straft sie auch; denn das, was heimlich von ihnen geschieht, ist schändlich auch nur zu sagen.« In diesen Versen liegt eine eigenartige Spannung: Einerseits ermutigt Paulus Sie, Ihre unfruchtbaren Werke der Finsternis aufzudecken, z. B. die sexuelle Sünde, die Sie begangen haben.[3] Andererseits sagt er, es sei schändlich, auch nur über die in der Finsternis begangenen Taten zu reden. Mit anderen Worten: Sie müssen die schändlichen Werke der Finsternis aufdecken, aber nicht darüber reden. Darin liegt eine Spannung! Wie gehen Sie mit ihr um?

Sie müssen die Balance halten zwischen diesen beiden Wahrheiten, indem Sie ausreichend Ihre Kämpfe beschreiben. Dadurch können Ihre Helfer wissen, wofür sie Sie verantwortlich machen müssen, ohne dass Sie so viele Details preisgeben, die anderen zur Versuchung werden können. Ihr Mentor, der Sie in der Wahrnehmung von Verantwortung anleitet, muss in groben Zügen wissen, wie Sie an Pornografie kommen (z. B. muss er wissen, ob Sie sich diese aus dem Internet oder am Zeitschriftenkiosk holen). Er muss wissen, wie viel Zeit Sie etwa mit dem Anschauen von Pornografie verbringen und ob Sie sich Pornografie ansehen, die möglicherweise ganz anders aussieht, als er vermutet. So müssten Sie deutlich machen, ob Sie sich vielleicht homosexuelle Pornografie, Kinderpornografie oder andere Arten ansehen, was auf ein spezifisches Dilemma hinweist, das über die gewöhnliche sexuelle Unmoral noch hinausgeht. Das Klügste ist, besondere Versuchungen in ganz allgemeinen Ausdrücken zu schildern. Sie überschreiten nämlich die von der Bibel gezogene Grenze, wenn Sie detaillierte Beschreibungen der angeschauten Szenen liefern oder in allen Einzelheiten darauf eingehen, woher Sie Ihre Pornografie haben.

---

3 A. d. H.: In mehreren Bibelübersetzungen wird an dieser Stelle der Begriff »aufdecken« gebraucht (vgl. z. B. Luther 1984).

6. Effektive Stärkung des Verantwortungsbewusstseins belässt die Verantwortung für das Bekennen der Sünde bei dem Schuldigen.

In vielen Büchern und anderswo werden Fragen zur Verantwortlichkeit angeboten, die geistliche Mentoren denen stellen sollen, die Hilfe suchen. Das beginnt mit Fragen wie: »Haben Sie sich in dieser Woche Pornografie angeschaut? Haben Sie in dieser Woche versucht, an Pornografie heranzukommen?« Solche Fragen setzen sich fort, bis die letzte – die absolut pannensichere – Frage gestellt wird: »Haben Sie mich mit einer Ihrer Antworten belogen?« An solchen Fragen ist grundsätzlich nichts auszusetzen, wenn man gerade eine neue verantwortungsbewusste Beziehung anfängt, aber es ist denkbar schlecht, in dieser Weise über längere Zeit fortzufahren. Wenn man Verantwortungsbewusstsein durch Fragen und Antworten erzeugen will, kann das leicht zu einem Katz-und-Maus-Spiel ausarten, bei dem sich der Strauchelnde gesetzeskonforme Antworten ausdenkt, die aber doch weniger aussagen, als eine volle Offenlegung der Sünde mit sich bringen würde. Und selbst wenn das Bekenntnis völlig wahrheitsgemäß ist, kann man es sehr leicht auf das beschränken, wonach gefragt wurde.

Die Verantwortung, Sünde zu bekennen und Licht ins Dunkel zu bringen, liegt einzig bei dem Menschen, der die Sünde begangen hat. Es ist nicht die Aufgabe des geistlichen Mentors, »auf Fischfang zu gehen« oder demjenigen ein Bekenntnis aus der Nase zu ziehen, dem er zu helfen sucht. Ein Mensch, der passiv bleibt und sich nur auf spezielle Fragen vorbereitet, ist geistlich weit entfernt von jemandem, der bereit ist, die Initiative zu ergreifen und sein Versagen unumwunden ans Licht zu bringen. Mit anderen Worten: Belassen Sie die Verantwortung da, wo sie hingehört, und laden Sie einen solchen Menschen nur schlicht ein, Ihnen mitzuteilen, wo er gesündigt hat und Hilfe braucht. Das wird genau zeigen, wie viel Hilfe ein Pornografie-Süchtiger erhalten möchte. Verantwortlichkeit führt viel eher zur Befreiung, wenn aus den Gesprächsbeiträgen aufseiten des Gestrauchelten Zeiten ehrlichen und freien Bekenntnisses erwachsen. Geistliche Mentoren dürfen selbstverständlich die Unterhaltung mit Fragen beginnen, aber sie sollten das Ziel im Auge behalten: Es geht um ein volles selbstständiges Bekenntnis ohne drängende Fragen und die Versuche, verborgene Geheimnisse zu lüften.

7. Wer das Verantwortungsbewusstsein effektiv stärken will, muss die Leute tatsächlich verantwortlich machen.

Vielleicht brauchen Sie noch eine abschließende Korrektur für die Beziehung zu Ihrem Mentor: Sie müssen jemanden finden, der Sie wirklich zur Verantwortung ziehen möchte und auch dazu in der Lage ist. In vielen Gruppen gibt es eine Menge an Informationen, aber keine wirkliche Verantwortlichkeit. Ben, Nathan und Steve haben keinerlei Möglichkeit festzustellen, ob die anderen Gruppenmitglieder die Wahrheit sagen. Man braucht sich z. B. gar nicht zu wundern, wenn man entdeckt, dass Steve zehnmal Pornografie angeschaut hat (und nicht nur viermal, wie er gesagt hat). Wir sollten nicht grundsätzlich unterstellen, dass Steve gelogen hat, aber diejenigen, die oft Pornografie anschauen, lügen häufig. Die Sache ist, dass es niemand wirklich weiß. Wenn Sie anfangen, Menschen zur Verantwortlichkeit zu erziehen, *sollten Sie die Betreffenden wirklich zur Verantwortung ziehen*. Und wenn Sie möchten, dass andere ihrerseits Sie zur Verantwortung ziehen, dann sollten Sie solche suchen, die es auch wirklich tun. Es ist ganz und gar verkehrt, auf gewisse Aussagen von Leuten zu hören, wenn es keine Möglichkeit gibt, nachzuhaken, das Gesagte zu bewerten und – wenn nötig – zu überprüfen.

Zu wirklichem Verantwortungsgefühl gehören drei Dinge: Erstens brauchen Sie jemanden, der versteht, dass die Verpflichtung zur Verantwortlichkeit mehr bedeutet als die Verpflichtung, sich regelmäßig zu treffen. Ihr Mentor muss bereit sein, Zeit zu investieren, um für Sie zu beten, Sie anzurufen, Ihre Anrufe zu beantworten und Sie auch zu besuchen. Die Berufung zu einer geistlich gesinnten Persönlichkeit, die in Sünde Gefallene wiederherstellt, ist eine hohe und heilige Berufung und erfordert Zeit.

Wahre Verantwortlichkeit erfordert ebenso jemanden, der Bibelkenntnis und praktische Weisheit besitzt, Sie zur Reinheit anzuleiten. Dazu muss man nicht über jahrelange Erfahrungen verfügen oder auf dem Gebiet der Theologie promoviert haben. Das kann vielmehr jeder wachsende Christ sein, der in sexueller Reinheit lebt und der bereit ist, dieses Buch mit Ihnen zusammen zu lesen.

Schließlich erfordert wahres Verantwortungsbewusstsein den Einsatz, *sich auf lange Zeit zu verpflichten*. Üblicherweise starten derartige Beziehungen sehr stark, um dann allerdings schon nach kurzer Zeit zu versanden. Wenn die Leute zunehmend nachlässig werden und mit ihren Bemühungen aufhören, ist es bis zum Versagen nicht mehr weit. Sorgen Sie dafür, dass Ihre Gruppe um lang anhaltenden Eifer betet.

Sie brauchen die Gnade, um verantwortungsbewusst zu bleiben

Verantwortungsbewusstsein ist zusammen mit der Kraft der Gnade eine wichtige biblische Strategie in Ihrem Kampf um Reinheit. Verantwortlichkeit ist an und für sich nicht produktiv; sie muss jedoch praxistauglich sein, wenn es an die Arbeit geht. Es ist besser, das Fahren zu unterlassen, als mit einem Auto ohne Bremsen zu fahren. Genauso können Sie Ihrem Streben nach Freiheit Schaden zufügen, wenn Sie nicht dafür sorgen, dass Sie Ihre Verantwortlichkeit so wahrnehmen, wie dies der Fall sein soll.

Sich die richtige Art von Verantwortlichkeit – gekennzeichnet durch Initiative, Offenheit, saubere Rede, Reife und angemessenes Verhalten der Sünde gegenüber – anzueignen, ist nicht leicht.

Dazu gehört mehr als nur Mut, dazu gehört vor allem Gnade. Vielleicht fürchten Sie sich, in eine solche Beziehung einzutreten, nachdem Sie dies gelesen haben. Wenn das so ist, bekennen Sie Gott, dass Sie versucht sind, sich zu verstecken. Suchen Sie die Vergebung und Gnade Jesu und kämpfen Sie dann im Gebet um die verändernde Gnade, durch die Sie zu wirklicher Verantwortlichkeit gelangen. Gott kennt Ihr Herz. Er weiß, was Sie brauchen, und er will Ihnen gern helfen, wenn Sie ihn im Glauben darum bitten.

Kämpfen Sie um Reinheit in der Kraft der Gnade

1. Fertigen Sie eine Liste mit den Namen einiger reifer Christen an, die Sie respektieren und denen Sie sich anvertrauen möchten, wenn es um die Wahrnehmung von Verantwortung geht. Ideal wäre es, wenn es Gläubige aus Ihrer eigenen Gemeinde oder solche wären, die oft einen Dienst in Ihrem Umfeld tun, sodass Sie ihnen auch im täglichen Leben begegnen.
2. Verabreden Sie sich mit Ihrem Gemeindeleiter, Ihrem Jugendgruppenleiter oder einem anderen Christen, der Ihnen gegenüber geistliche Autorität wahrnimmt. Sprechen Sie mit ihnen über Ihr Versagen und fragen Sie diese, ob sie bereit sind, dieses Buch zusammen mit Ihnen zu lesen. Es kann aber auch ein anderer auf Ihrer Liste sein, dem Sie mehr vertrauen. Seien Sie aber ebenso bereit, in Erwägung zu ziehen, dass die Betreffenden einen besseren Plan haben als denjenigen, den Sie sich überlegt haben.
3. Sobald Sie einen geistlich reifen Gläubigen gefunden haben, der bereit ist, ein Partner für Ihre Einübung zur Verantwortlichkeit zu sein, müssen Sie eine Zeit für die entsprechenden Treffen festlegen (wöchentlich oder alle 14 Tage). Sie sollten sich mit ihm auf eine Tagesordnung einigen. Bei den ersten

Sitzungen wäre es hilfreich, in jeder Woche ein Kapitel dieses Buches zu lesen und darüber zu sprechen.

4. Beten Sie und bitten Sie Gott, Ihnen alle Zweifel zu vergeben – auch alle Passivität und alles Verheimlichen, das Sie in Ihrem Herzen entdecken. Bitten Sie Gott im Glauben um die Gnade zur Veränderung und trachten Sie danach, verantwortlich zu werden!

KAPITEL 4

Setzen Sie im Kampf gegen Pornografie radikale Maßstäbe

Ich möchte Ihnen die Geschichte von zwei Burschen erzählen, die völlig versklavt waren. Aber sie waren nicht der Pornografie, sondern leckeren Keksen verfallen. Und diese beiden »Burschen« waren überhaupt keine Menschen, sondern vielmehr fiktive Gestalten, die Freunde waren und *Frosch* (Frog) und *Kröte* (Toad) hießen. Das waren die Stars einer Reihe von Kinderbüchern, die ich mir als Kind genauso gern vorlesen ließ, wie ich sie jetzt als Erwachsener und Vater vorlese.

In meiner Lieblingsgeschichte über *Frosch* und *Kröte* bäckt *Kröte* einen riesengroßen Haufen Kekse. Sie ist so begeistert über ihren guten Geschmack, dass sie sogleich zu *Froschs* Wohnung hinüberhopst, um ihm von ihren Delikatessen abzugeben. Während die beiden die unglaublich leckeren Kekse verschmausen, stellen sie plötzlich fest, dass sie nicht mit dem Essen aufhören können. Immer, wenn sie sich vornehmen, nur noch einen letzten Keks zu essen, merken sie, dass sie noch mehr verschlingen möchten. Trotz ihres Entschlusses aufzuhören, stellen sie fest, dass sie sich immer neue Kekse genehmigen. Schnell wird *Frosch* und *Kröte* klar, dass sie etwas tun müssen, damit sie nicht mehr an die Kekse herankommen. Nur dann werden sie ihren Entschluss, mit dem Essen aufzuhören, in die Tat umsetzen können. Der Rest der Geschichte beschreibt dann in allen Einzelheiten, welche Schritte sie unternehmen, um den Zugang zu den Keksen immer mehr zu erschweren. Auch wenn Sie sich fragen, was diese Kindergeschichte mit dem Kampf um Reinheit zu tun hat, den Sie in der Kraft der Gnade zu gewinnen haben – bleiben Sie dran! Diese Geschichte enthält eine kraftvolle Lektion darüber, wie man die Sünde besiegt.

Machen Sie wirklich ernst im Kampf gegen die Sünde

Viele Leute straucheln im Kampf gegen die Pornografie einfach deshalb, *weil es so leicht ist, an sie heranzukommen.* Die schlichte Wahrheit ist, dass Sie sich bei einem sehr leichten Zugang zu entsprechendem Material früher oder später auch Pornografie anschauen. Sie mögen beten, bitten, weinen und klagen. All dies ist gut, aber es reicht nicht. Wenn Sie wirkliche und dauerhafte Veränderung erleben wollen, müssen Sie letztendlich noch praktische Maßnahmen ergreifen. Sie müssen Pornografie weniger leicht zugänglich machen. Jesus unterstrich diesen wichtigen Punkt in seiner Bergpredigt in Matthäus 5,27-30:

> »Ihr habt gehört, dass gesagt ist: Du sollst nicht ehebrechen. Ich aber sage euch: Jeder, der eine Frau ansieht, sie zu begehren, hat schon Ehebruch mit ihr begangen in seinem Herzen. Wenn aber dein rechtes Auge dir Anstoß gibt, so reiß es aus und wirf es von dir; denn es ist besser für dich, dass eins deiner Glieder umkomme, als dass dein ganzer Leib in die Hölle geworfen werde. Und wenn deine rechte Hand dir Anstoß gibt, so hau sie ab und wirf sie von dir; denn es ist besser für dich, dass eins deiner Glieder umkomme, als dass dein ganzer Leib in die Hölle komme.«

Jesus sagt das zu Leuten, die im Kampf gegen sexuelle Sünden straucheln. Mit anderen Worten: Jesus sagt dies zu *Ihnen.* Er trifft eine so starke Wortwahl, weil er Sie für die Schwere Ihrer sexuellen Sünde sensibilisieren will und Ihnen klarmachen möchte, dass Sie zu radikalen Maßnahmen greifen müssen, um richtig damit umzugehen.

Jesus ruft die Christen auf, *einen wirklich hohen Maßstab* anzulegen und *einen wirklich hohen Einsatz* zu wagen, weil *wirklich ernste Folgen* auf dem Spiel stehen.

Als Erstes gibt Jesus *einen wirklich hohen Maßstab* vor. Wenn ein Mensch rein werden will, reicht es nicht aus, eine sexuelle Beziehung zu jedem, mit dem man nicht verheiratet ist, zu vermeiden. Wer Reinheit sucht, der darf nach den Worten Jesu nicht einmal eine sexuelle Beziehung zu jemandem *wünschen*, mit dem er nicht verheiratet ist. Jesus hebt den Maßstab für Reinheit an. Nicht erst der körperliche Akt als solcher, sondern schon das lustvolle Begehren des Herzens und die begehrlichen Blicke der Augen sind gleichbedeutend mit Ehebruch. Jesus nennt uns nicht erst dann ein ehebrecherisches Geschlecht, wenn wir mit jemandem sexuellen Verkehr haben, mit dem wir nicht verheiratet sind. Vielmehr bezeichnet er uns schon so, wenn wir jemanden (ob Mann oder Frau) ansehen, der nicht unser Ehepartner ist, und wir irgendeine sexuelle Beziehung zu dieser Person begehren. Diese Wahrheit weist auf einen der vielen Gründe hin, warum Pornografie falsch ist. Sie offenbart die bösen, verkehrten Begierden unserer sündigen Herzen.

Danach zeigt uns Jesus, welchen *hohen Einsatz* wir wagen müssen, um sexuelle Sünden zu bekämpfen. Wenn wir versucht werden, den gesetzten Maßstab zu missachten und sexuelle Sünden zu begehen, dann fordert Jesus uns auf, unser Auge auszureißen und unsere Hand abzuhauen. Sie müssen diese Glieder nicht nur von Ihrem Körper entfernen, sondern sie auch noch weit wegwerfen. Jesus lässt es nicht zu, dass Sie diese sündigen Glieder in der Hoffnung verschonen, später einmal wieder Gebrauch von ihnen machen zu können.

Damit alles klar ist: Jesus meint nicht, Sie sollten ein wirkliches Messer nehmen und sich tatsächlich Teile Ihres Körpers abtrennen. Jesus spricht oft in machtvollen Metaphern. Immerhin können auch Leute, denen Augen und Hände fehlen, begehrlich sein und in ihren Herzen sündigen. Jesus drängt Sie zu etwas *noch* Radikalerem als zu einer einmaligen Amputation. Er sagt Ihnen, dass Sie, wenn Sie zu einer sexuellen Sünde versucht werden, offensiv handeln müssen. Sie müssen nämlich bei jeder neuen Versuchung *jedes Mal* wieder *alles Erforderliche* tun, um die Sünde zu vermeiden. Wenn Sie mit Pornografie zu kämpfen haben, will Jesus, dass Sie begreifen: Diese Sünde ist kein Kinderspiel. Sie werden radikale Maßnahmen ergreifen müssen, um den Zugang dazu einzuschränken. Dadurch werden die Versuchungen ausgehungert.

Schließlich spricht Jesus über *die ernsten Folgen*, die bei Nichtbefolgung auf dem Spiel stehen. Warum dringt Jesus auf so radikale Maßnahmen? *Wegen der Konsequenzen, bei denen es um Leben oder Tod geht.* Radikale Maßnahmen zu ergreifen, ist der Weg zum Leben, während die Einwilligung zur Sünde der Weg zur Hölle ist. Gott verbietet sexuelle Unmoral nicht, weil er will, dass Sie sich elend fühlen. Vielmehr verbietet Gott sexuelle Unmoral, weil sie zum Zusammenbruch, zu Traurigkeit und Leere, zu Tod und Hölle führt. Gerechtigkeit andererseits führt zu Erfüllung, Freude, Frieden und Leben. Nach den Worten Jesu ist der Weg der Sünde einfach. Es gibt zwei einfache Entscheidungen und zwei garantierte Konsequenzen: Da ist der leichte Weg der sexuellen Unmoral, der Sie aber umbringt, und dann gibt es den harten Weg eines radikalen Krieges gegen die Sünde, der jedoch zur Fülle des Lebens führen wird.

Vielleicht haben Sie schon einen kleinen Vorgeschmack von der Hölle gehabt, die Jesus denen androht, die sich sexuelle Unmoral erlauben. Wenn das auf Sie zutrifft, möchte ich Sie wissen lassen, dass Sie auch das Leben kennenlernen können, das Jesus Ihnen verspricht. Sie können es haben – allerdings nicht zum Billigtarif. Wenn Sie das von Gott angebotene Leben haben möchten, müssen Sie anfangen, ernst zu machen mit dem Widerstand gegen Ihre Sünde. Sie müssen tatsächlich offensiv werden, Sie müssen radikal werden. Eine Amputation ist kein Vergnügen. Sie ist außerordentlich schmerzhaft und bringt ein Verlustgefühl mit sich, aber die Belohnung ist weit besser als die Alternative.

Sie werden radikale Maßnahmen auf mindestens drei Gebieten anwenden müssen. Sie sehen sich Pornografie an, wenn die entsprechende *Begierde* Sie mit sich fortreißt, wenn Sie *Zeit* zum Anschauen haben und wenn sich Ihnen die *Möglichkeit* dazu bietet. Niemand sieht sich Pornografie an, wenn diese drei Elemente nicht zusammentreffen. In Ihrem Kampf, von Pornografie frei zu werden, müssen Sie lernen, radikale Schritte zu unternehmen, jedes dieser drei Elemente zu eliminieren.

Radikale Maßnahmen für Ihre Gedankenwelt

Die radikalen Maßnahmen sollten auf einem entscheidenden, aber oft übersehenen Gebiet anfangen – in der Gedankenwelt. Das heißt, Sie sollten sorgfältiger darüber nachdenken, *was Sie von Pornografie halten*. Sind es bestimmte Zeiten, in denen Sie sich lustvollen Fantasien hingeben? Gibt es Orte, die besonders dazu angetan sind, an Pornografie zu denken? Die Wahrheit ist doch, dass Sie ganz allein in einem Zimmer sein können, das vollgestopft mit Pornografie ist, und rein bleiben, wenn Sie kein Verlangen danach haben. Das wäre natürlich das langfristige Ziel. Sie werden erst wissen, dass Sie endgültig von der Pornografie befreit sind, wenn Sie vollen Zugriff dazu haben und doch kein Verlangen danach verspüren. Obwohl Sie noch nicht so weit sind, so ist es doch Ihr Ziel. Und um dahin zu gelangen, müssen Sie Ihre Einstellung zur Pornografie ändern.

Das Anschauen von Pornografie ist gewöhnlich das letzte Glied einer langen Kette sexueller Sünden. Dutzende anderer Dinge sind in Ihrem Herzen und Geist bereits kaputtgegangen, bevor Sie das tatsächlich getan haben. Sie werden die Pornografie nicht besiegen, wenn Sie nicht vorher die Schlachten gewonnen haben, die dem Anschauen von Pornografie vorausgehen. Grundsätzlich beginnt der Kampf in Ihrem Herzen, in Ihrem Denken.

Stellen Sie sich vor, Sie hätten einen Garten mit einer Blume, die hässliche Blüten treibt. Nun wollen Sie diese hässlichen Blüten nicht mehr sehen. So pflücken Sie die Knospen ab, sobald sie sich zeigen. Da ist es vorherzusehen, dass sie neue Blüten treibt. Das wird so weitergehen, bis Sie die Pflanze mit ihren Wurzeln ausreißen. Das Gleiche gilt für die pornografische Lust, die gute geistliche Früchte in dem Garten Ihres Herzens erstickt. Wenn Sie nur in das äußerliche Verhalten eingreifen, wird das Problem immer wieder auftauchen. Sie müssen die pornografische Lust aus Ihrem Denken entfernen, indem Sie diese als das ansehen, was sie nach Jesu Worten ist: Sie ist das lustvolle Begehren des Herzens (Mt 5,28).

Ich kann Ihnen garantieren, dass Sie versagen, wenn Sie mit diesem Kampf gegen Pornografie so lange warten, bis Sie allein in Ihrem Zimmer vor dem PC sitzen. Dieser Kampf muss in demselben Augenblick eröffnet werden, in dem Ihnen die Lust auf Pornografie bewusst wird. Diese Sekunde ist die richtige Zeit für radikale Maßnahmen in Bezug auf Ihr Denken.

Erstens müssen Sie *auf der Stelle Buße tun.* Wir haben im ersten Kapitel darüber gesprochen, wie notwendig es ist, immer dann Buße zu tun, wenn man gesündigt hat. Buße-Tun ist nicht nur etwas für stille Augenblicke, in denen man Einkehr hält und nachdenkt, oder für Zeiten, in denen man sich zu großartigen Entschlüssen durchringt. Buße-Tun ist eine fortlaufende Handlung, und sie vollzieht sich meistens im Dunstkreis von Versuchungen. Wer den Langzeitkampf mit der Pornografie aufgenommen hat, wird in dessen Verlauf häufig Buße tun. In diesem anfänglichen Augenblick müssen Sie den Herrn bitten, Ihnen Ihre lustvollen Begierden zu vergeben. Sie müssen ihn um die Gnade bitten, Ihren Versuchungen entfliehen zu können. Sie müssen ihn anflehen, Ihnen Kraft zu geben, sich auf andere Dinge zu konzentrieren, über die ich später reden werde.

Zweitens müssen Sie *sich die Bibel ins Gedächtnis rufen.* Sich an Bibelverse zu erinnern, ist nicht nur eine Übung im Glaubensleben von Leuten, die in der praktischen Heiligung und geistlichen Reife weiter sind als Sie. Bibelwissen ist eine mächtige Waffe, die Ihnen Sieg über die Pornografie geben kann. Der Psalmist sagt zu Gott in Psalm 119,11: »In meinem Herzen habe ich dein Wort verwahrt, damit ich nicht gegen dich sündige.« Die Bibel ist, wenn sie als Schatz in Ihrem Herzen verinnerlicht wurde, ein mächtiger Verbündeter gegen die Versuchung. Sie haben Zugang zur ganzen Bibel, und sie ist voller Stellen, die Sie in Ihrem Herzen bewahren können, damit sie Ihnen gegen die Versuchung beistehen. Sie können sich Psalm 119,11 oder Matthäus 5,27-30 einprägen oder auch alle Bibelstellen auswendig lernen, die in diesem Buch vorkommen. Die von Ihnen ausgesuchten Stellen brauchen nicht einmal von sexueller Reinheit zu handeln, aber ein vielseitiger Schatz an biblischen Wahrheiten ist schon nötig, um die Lügen der Versuchung zu bekämpfen, sobald sie auftreten.

Drittens müssen Sie *sich nach Hilfe umsehen*. Buße-Tun ist unerlässlich. Sich an Bibelstellen zu erinnern, ist wesentlich. Aber genauso wichtig wie die Inanspruchnahme dessen, was Gott Ihnen diesbezüglich in seiner Gnade geschenkt hat, ist Folgendes: Sie sind nicht dazu da, die Kämpfe mit der Sünde und den Versuchungen allein auszufechten. Sie müssen Verstärkung anfordern. Dazu sollten Sie einige Leute kennen, mit denen Sie zuvor gesprochen haben, denen Sie Verantwortung schulden und die kommen, wenn Sie in Schwierigkeiten stecken. Ich sage den Leuten oft, sie sollten sich ganz frei fühlen, mich zu jeder Tages- und Nachtzeit anzurufen. Sie dürfen mich mitten in der Nacht wecken, weil das besser ist, als zu sündigen. Jemandem *sofort* mitten in der Versuchung zu Hilfe zu kommen, wird oftmals schwierig sein, weil die Sünde die Dunkelheit liebt und weil sie es versteht, einleuchtende Ausreden zu präsentieren. Sie müssen diese Versuchungen bekämpfen und die Finsternis dem Licht aussetzen.

Radikale Maßnahmen im Umgang mit der Zeit

Außer der Umgestaltung Ihres Denkens gibt es ein zweites Gebiet, auf dem Sie drastische Maßnahmen anwenden müssen. Ich rede von Ihrer Zeit. Ein Mensch, der auf Pornografie aus ist, kann sie nur anschauen, wenn sie erreichbar ist und wenn er Zeiten hat, in denen er allein ist, um sie anzuschauen. Stellen Sie sich vor, Sie hätten Lust auf Pornografie und wären in einem Raum, in dem überall Pornografie ausliegt. Wenn einer Ihrer Ältesten oder Ihre Vertrauensperson, der Sie Rechenschaft ablegen,[4] zufällig mit Ihnen zusammen in diesem Raum wäre, dann wären Sie wahrscheinlich in der Lage, Ihre Blicke abzuwenden – trotz Ihrer Begehrlichkeit und der Erreichbarkeit der Pornografie. Gehen diese Leute aber hinaus, so geraten Sie sofort wieder in Versuchung. Warum? Weil Sie *allein* sind.

Das bedeutet, die Zeit des Alleinseins muss beschränkt werden, besonders in den Anfangsphasen Ihres Kampfes gegen die Pornografie. Seien Sie ehrlich gegenüber Ihrer Vertrauensperson in Bezug auf die Zeiten, in denen Sie gewöhnlich allein sind und spüren, dass Sie der Versuchung ausgesetzt sind. Machen Sie sich Pläne, wie Sie mit Menschen Ihres Umfelds Zeit verbringen können. Sie können zusammen mit anderen an einem Projekt arbeiten, spazieren gehen, Sport treiben, die Bibel lesen und beten oder sich einen guten Film ansehen. Sie können mit demjenigen, den Sie als Vertrauensperson gewählt haben, sogar abmachen, dass er Sie in solchen einsamen Zeiten anruft (wobei Sie natür-

4 A. d. H.: Der Ausdruck, der hier im Original steht *(accountability partner)*, gehört zu den Schlüsselbegriffen dieses Buches. Er lässt sich nicht wörtlich, sondern nur in einer Umschreibung wiedergeben. Es geht um jemanden, der für den Hilfesuchenden bei seinen Problemen mit der Pornografie Mentor, Ratgeber, Seelsorger und Ansprechpartner ist. Verantwortlichkeit und Rechenschaftslegung spielen in dieser von Vertrauen geprägten Beziehung, die auch in einer Gruppe ausgestaltet werden kann, eine entscheidende Rolle. Im Folgenden wird diese Person aus stilistischen Gründen oft nur kurz als *Vertrauensperson* bezeichnet.

lich verpflichtet sind, den Hörer abzunehmen) oder Sie besucht. Wenn Sie verheiratet sind, kann es nötig sein, dass Sie mit Ihrer Frau vereinbaren, gleichzeitig zu Bett zu gehen. Halten Sie sich auch dann daran, wenn Sie sich noch nicht müde fühlen. Verkürzen Sie so viel wie möglich die Zeiten, in denen Sie allein und versucht sind, sich auf Pornografie einzulassen.

Radikale Maßnahmen, um den Zugang zur Pornografie abzuschneiden

Wenn Sie wirklich von der Pornosucht frei werden wollen, müssen Sie auch im Blick auf den Zugang zur Pornografie radikal durchgreifen. Viele Menschen denken zuerst an dieses Gebiet, wenn sie über radikale Maßnahmen nachdenken, doch gehen sie meist nicht weit genug, um wirkliche Veränderung zu erreichen. Darum möchte ich einige praktische und durchführbare Ratschläge anbieten, die Ihnen helfen, sich von Ihren Pornoquellen zu befreien.

Höchstwahrscheinlich sehen Sie sich Pornografie an, die immer wieder aus der gleichen Quelle kommt. Sie müssen den entsprechenden Zugang zur Pornografie nicht nur einschränken, sondern völlig unterbinden. Heutzutage gibt es hauptsächlich drei Wege, um an Pornografie zu kommen: Man kauft sie im Laden, schaut sie sich im Internet oder Fernsehen an, oder man erhält sie von einem Menschen aus seinem Umfeld. Wir wollen in Bezug auf alle drei Wege über radikale Maßnahmen sprechen. Weil die Sünde uns zu Erfindern böser Dinge macht (Röm 1,30), werden Sie sicher andere passende Wege finden, an Pornografie zu kommen, besonders weil dies aufgrund des technischen Fortschritts immer einfacher ist. In diesem Fall müssen Sie Ihre Grundsätze so abfassen, dass sie auch bei neu auftauchenden Möglichkeiten wirksam sind.

Nehmen wir an, Sie kaufen Ihre Pornografie in einem Porno-Videogeschäft, oder Sie leihen sie sich in einer Videothek aus. In solchen Fällen müssen Sie radikale Maßnahmen ergreifen, den Zugang zu solchen Einrichtungen so schwierig wie möglich zu machen.

Zunächst müssen Sie entschiedene Maßnahmen ergreifen, um die Möglichkeiten auszuschließen, sich gekaufte oder geliehene Filme anzuschauen. Das heißt, Sie müssen Ihrer Vertrauensperson alle Geräte zum Abspielen solcher Filme ausliefern: DVD-Player, Fernseher, Computer usw. Auch müssen Sie alle Filme, Zeitschriften oder Bilder, die Sie schon besitzen, vernichten.

Zweitens: Unternehmen Sie radikale Schritte, damit die Möglichkeit, Pornografie in Ihrer Wohnung aufzubewahren, möglichst klein ist. Sie müssten Ihrer Vertrauensperson Zutritt zu Ihrer Wohnung gewähren. Dazu gehört, dass sie die Schlüssel bekommt und Sie ihr ausdrücklich erlauben bzw. sie dazu ermutigen, jederzeit einzutreten, damit sie sich in Ihrer Wohnung und in Ihrem Auto umsehen kann.

Derjenige, dem Sie Rechenschaft ablegen, sollte die Erlaubnis haben, auch zu kommen, wenn Sie nicht zu Hause sind, um selbst die privatesten Orte zu inspizieren. Wenn Sie bisher allein gewohnt haben, sollten Sie darüber nachdenken, in eine Wohngemeinschaft zu ziehen. Dadurch würde es noch schwieriger sein, unmoralisches Material in den eigenen vier Wänden aufzubewahren.

Drittens kann es nötig sein, radikal Ihre Bewegungsfreiheit einzuschränken. Wenn Ihr ungehinderter Zugang zur Pornografie darauf zurückgeht, dass Sie hinfahren können, wohin Sie wollen, müssen Sie diese unkontrollierte Mobilität einschränken. Es gibt einige Möglichkeiten zur Selbstbeschränkung. Viele Smartphones haben die Möglichkeit, ein GPS-Signal zu empfangen. (GPS ist ein satellitengestütztes System, mit dessen Hilfe Standorte ermittelt werden können.) Man kann die entsprechende Software auf seinem Handy installieren. Dann kann Ihre Vertrauensperson feststellen, wo Sie sind (oder wo Sie waren). Sie werden es sich zweimal überlegen, ob Sie einen unerlaubten Ort aufsuchen, wenn Ihre Vertrauensperson Ihnen sagen kann, wo Sie gewesen sind. Vielleicht ist es für Sie sogar nötig, eine Zeit lang auf die Freiheit, ein Auto zu fahren, zu verzichten. Solch ein Opfer beendet Ihr Leben durchaus nicht, erfordert aber einige Umstellungen. Manchmal ist auch eine Absprache mit Ihrer Vertrauensperson dahin gehend nötig, dass sie Ihre Autoschlüssel in Verwahrung nimmt, außer wenn Sie diese für einen bestimmten Grund brauchen. Sie müssten dann die Schlüssel wieder abgeben, sobald Sie Ihre Verpflichtungen erledigt haben. Je nach Situation könnten Sie mit dem Rad bzw. dem Bus zur Arbeit fahren oder sich einer Fahrgemeinschaft anschließen. Oder ein Familienangehöriger bzw. jemand aus der Gemeinde nimmt Sie mit. Vielleicht benötigen Sie sogar eine neue Arbeitsstelle oder eine neue Wohnung, damit Sie ganz auf ein Fahrzeug verzichten können. Es geht darum, dass die derzeit ungehinderte Mobilität für Sie zur Gefahr wird, weil sie Ihnen den Zugang zur Pornografie erlaubt, sooft eine Versuchung Sie überfällt.

Viertens sind radikale Maßnahmen nötig, um Ihre finanziellen Möglichkeiten einzuschränken. Wenn Sie sich Ihre Pornografie vor allem im Geschäft oder elektronisch beschaffen, wäre es gut, die freie Verfügbarkeit über Ihr Geld einzuschränken. Dazu müssen Sie Ihre Kreditkarte samt PIN-Nummer jemandem übergeben, der Ihre Geldgeschäfte für Sie erledigt. Wenn Sie das tun, sollten Sie damit einverstanden sein, keine Geschäfte zu tätigen, bei denen Ihnen Bargeld zurückgezahlt wird, wobei Sie in jedem Fall für alle Bargeldgeschäfte Belege fordern sollten. Auch sollten Sie mit Ihrer Vertrauensperson abmachen, dass Sie nach diversen Einkäufen (wie z. B. in Lebensmittelgeschäften, in Apotheken oder im »Laden um die Ecke«) stets Belege vorlegen müssen. Dort kann man nämlich das Geld (etwa für Pfandflaschen), das auf keinem Beleg erscheint, nutzen, um heimlich zusätzliche Einkäufe zu tätigen. Sie können auch ein tägliches oder wöchentliches Taschengeld mit Ihrer Vertrauensperson oder Ihrer Frau vereinbaren. Aber auch da wird es nötig sein, am Ende der vereinbarten Zeit mit Belegen der Vertrauensperson Rechenschaft zu geben.

Vielleicht kommen Sie durch das Internet oder Fernsehen an Pornografie. Da können drei radikale Maßnahmen helfen, den Zugang zu entsprechendem Material aus diesen Quellen zu begrenzen. Erstens können Sie jemanden bitten, Passwörter für Ihren Computer, Ihr Smartphone oder Ihren Fernseher einzugeben, sodass es Ihnen nicht möglich ist, per Internet an pornografisches Material zu gelangen, weil die entsprechenden Codes nur Ihrer Vertrauensperson oder vielleicht Ihrer Frau bekannt sind. Wenn Sie berufsbedingt privilegierten Zugang zu diesbezüglichen Geräten haben, sollte Ihnen dies verwehrt werden. Ein solcher Zugang sollte vielmehr demjenigen vorbehalten bleiben, dem Sie Rechenschaft ablegen.

Zweitens sollten Sie entsprechende Software auf Ihrem Computer und Ihrem Smartphone installieren. Solche Software ist nicht teuer und aus mehreren Quellen beziehbar. Entweder blockiert sie zu beanstandende Websites, oder sie erstellt eine Chronik Ihrer Aktivitäten im Internet und sendet sie an einen Menschen Ihrer Wahl. Am besten ist eine Software, die beides leistet. Sie sollten auch Filter- und Überwachungsmaßnahmen für Ihren Router einsetzen – und nicht nur für einzelne Geräte.

Drittens sollten Sie alle Geräte abschaffen, die Sie zum Konsumieren von Pornografie verwenden. In unserem hoch technisierten Zeitalter halten wir es für unmöglich, ohne herkömmliche Computer, Laptops, Tablet-PCs, Smartphones oder Fernseher auszukommen. Die reine Wahrheit ist, dass Sie *längst nicht* alle elektronischen Geräte brauchen. Was wir aber alle *sehr wohl* nötig haben, ist, heilig zu sein. Derlei Unbequemlichkeiten sind nichts im Vergleich mit dem Gewinn an Heiligkeit.

Sehr schwierig wird das alles, wenn Sie verreisen wollen. Wenn Sie auf Geschäftsreise sind, müssen Sie besonders eifrig von all diesen Maßnahmen Gebrauch machen. Zusätzlich zu dem bisher Erwähnten kann das Einverständnis nötig sein, Ihrer Vertrauensperson eine ausführliche Hotelrechnung vorzulegen. Das wird Ihnen helfen, den Kauf und das Anschauen von Filmen zu vermeiden. Weil viele Hotelfernseher unmoralische Programme kostenlos zur Verfügung stellen, kann es nötig werden, dass ein Hausmeister das Gerät aus Ihrem Raum entfernt. Der Betreffende tut das bestimmt, wenn Sie ihn darum bitten und ihm ein Trinkgeld geben. Ein Mann, den ich seelsorgerlich beraten habe, schickte mir, sooft er unterwegs war, immer mit Zeitangaben versehene Bilder, auf denen ich das Hinaustragen des Gerätes sehen konnte.

Schließlich können Sie die Pornografie auch von einem anderen bekommen, der sie besitzt. Vielleicht haben Sie einen Zimmergenossen, einen Elternteil, Geschwister, Nachbarn, Kollegen oder Freunde, die einen Haufen davon haben, den Sie sich ansehen können, sooft Sie Lust haben. Sie können den Computer oder das Handy eines anderen benutzen, um Pornografie anzuschauen, ohne dass er davon weiß. Ist das der Fall, so wäre die effektivste aller radikalen Methoden, Ihr Versagen vor den Betreffenden zu bekennen und sie zu bitten, die Möglichkeiten zum Anschauen zu unterbinden, wenn Sie gerade da sind. Solch ein Eingeständnis mag unangenehm oder sogar schmerzlich sein, doch denken Sie daran, dass es immer noch besser ist, als die Hand abzuhacken! Und Jesus sagt, dass dies noch wesentlich weniger schmerzhaft ist als der Aufenthalt in der Hölle. Nur weil etwas schwierig ist, bedeutet das nicht, dass man es unterlassen sollte. Bitten Sie darum, dass die Gnade Ihr Herz verändert, und dann gehorchen Sie, indem Sie das Richtige tun – einerlei, was es kostet!

Hier ist ein warnendes Wort angebracht. Bevor Sie mit einer Person sprechen, die Ihnen absichtlich oder unabsichtlich Zugang zur Pornografie verschafft, sollten Sie mit Ihrer Vertrauensperson sprechen. Es kann Situationen geben, in denen es unweise oder sogar gefährlich wäre, jemandem gegenüberzutreten, der Ihnen (mit oder ohne Wissen) Zugang zur Pornografie verschafft. Bevor Sie in eine beziehungsmäßig komplexe und persönlich riskante Lage geraten, sollten Sie eine vertrauenswürdige außenstehende Person befragen.

Sind Sie bereit, ernst zu machen?

Ich verstehe, dass nach dem Lesen dieser Maßnahmen der eine oder andere »ausflippt«. Wenn man von solchen radikalen Methoden liest, erheben sich mancherlei Einwände: »Was soll ich ohne mein Handy machen? Wie soll ich etwas schreiben ... Sportereignisse verfolgen ... in den sozialen Medien ständig auf dem Laufenden sein? Was soll ich ohne Auto tun? Wie soll das ohne meine Kreditkarte gehen? Wie könnte ich meinen Eltern erklären, was ich mit meinem Computer gemacht habe? Ist dieser Kerl noch bei Verstand?« Glauben Sie mir, ich habe das alles schon zu hören bekommen. Wenn Sie sich über all das aufregen, dann kommt es daher, weil Sie die Ernsthaftigkeit der Strategie betrachten, ohne an den Ernst dessen zu denken, was auf dem Spiel steht. Vergessen Sie nicht, dass Jesus eine Amputation anordnet, weil es ihm darum geht, dass wir die Hölle vermeiden und nach einem Leben in ihm trachten sollen. Begreifen Sie in ganzer Schwere die Folgen der Sünde? In Pornografie einzuwilligen, gleicht dem Trinken geistlichen Giftes. Wenn Sie nichts unternehmen, wird es Sie früher oder später umbringen. Gewinnen Sie eine klare Vorstellung von dem, was Pornografie in Ihrem Herzen, Ihrem Geist und Ihrem Leben anrichtet. Tun Sie das, so werden Sie ernsthaft werden wollen und alles nur Mögliche unternehmen, um diese Seuche aufzuhalten – einerlei, wie radikal Ihnen alles vorkommen mag.

Glücklicherweise muss nicht jeder alle diese Maßnahmen ergreifen, aber jeder muss einige von ihnen einsetzen. Sprechen Sie ehrlich mit einem Menschen, der Ihnen helfen will, und treffen Sie weise Entscheidungen in Bezug auf die zu ergreifenden Maßnahmen. Diese Maßnahmen sollen nicht bequem sein; sie sollen vielmehr radikal, schwierig, schmerzhaft und teuer sein. Niemand entfernt ein Glied, weil es Spaß macht oder weil es leicht geht. Man macht es nur, wenn man erkennt, dass man nicht beide – das Glied und das Leben – retten kann. Es ist eine Entscheidung zwischen Leben und Tod.

Frosch, Kröte und die radikalen Maßnahmen

Frosch und *Kröte* wussten, dass sie etwas unternehmen mussten, um von den Keksen loszukommen, die *Kröte* gebacken hatte. Sie probierten dieses und jenes aus: Sie packten die Kekse in Dosen, banden das Ganze zu und stellten die Dosen dann auf ein sehr hohes Regal. Aber unseren amphibischen Freunden wurde bald klar, dass sie die ergriffenen Maßnahmen immer wieder unterlaufen konnten. Immer noch konnten sie an die Kekse gelangen, wenn sie es nur ernsthaft versuchten. So griffen sie am Ende zu der radikalsten Maßnahme, indem sie die Kekse den Vögeln hinwarfen. Jetzt, wo es keine Kekse mehr zu essen gab, entschloss sich *Kröte*, nach Hause zurückzukehren – um Kekse zu backen.

Die Geschichte von *Frosch* und *Kröte* lehrt uns eine entscheidend wichtige Wahrheit über den Kampf mit Versuchungen: *Äußerliche Maßnahmen, wie radikal sie auch sein mögen, können das Herz nicht verändern.* Darum muss man zuerst und vor allem in seiner Gedankenwelt zu radikalen Maßnahmen greifen. Sie brauchen mehr als nur die Veränderung Ihrer Umstände, um die Schlacht zu gewinnen. Sie brauchen ein verwandeltes Herz. *Frosch* und *Kröte* hatten versucht, die Kekse so weit wie möglich außer Reichweite zu bringen, aber schließlich fanden sie doch einen Weg, sie zu essen, weil sie (einerlei, was sie unternahmen) *immer noch gern Kekse a*ßen. Vergessen Sie diese Lektion nie! Sie können die Erreichbarkeit von Pornografie entfernen. Sie können dafür sorgen, niemals mehr allein zu sein. Trotzdem werden Sie noch immer hinter Pornografie her sein, wenn Sie danach verlangt. Darum gibt es nur eine sichere Hoffnung für alle, die von Pornografie befreit werden möchten. Sie wird uns im Evangelium Jesu Christi angeboten: Er schenkt Befreiung, nur er hat die Macht, die Sehnsüchte Ihres Herzens zu verändern. Und er tut es, wenn Sie an seine vergebende und umgestaltende Gnade glauben.

Wenn ich hier die Notwendigkeit der Herzensänderung betone, bedeutet das nicht, andere Formen radikalen Handelns zu ignorieren, die mehr den äußerlich sichtbaren Bereich betreffen. Schritte zu unternehmen, die Zeit des Alleinseins zu begrenzen und die Quellen der Versuchung zu entfernen, ist wichtig. Diese Schritte müssen aber ihren wahren Stellenwert erhalten. Äußerliche Maßnahmen – und seien sie noch so radikal – verändern nicht Ihr Verlangen, aber aus zwei wichtigen Gründen sind sie trotzdem nötig.

Erstens geben Ihnen diese radikalen Maßnahmen Raum zum innerlichen Wachstum. Veränderung braucht Zeit. Alte Lebensstile müssen sterben und neue Lebensformen gefunden werden. Sie müssen neue Denkmuster erlernen. Wenn Sie der Pornografie verfallen sind, wird Gott gewöhnlich Ihre Begierden nicht auf der Stelle, sondern schrittweise verändern (siehe 2Kor 3,18). Radikale Maßnahmen gewähren Ihnen Raum und Zeit, sodass Sie Ihre Aufmerksamkeit auf Christus statt auf die Pornografie richten können.

Zweitens gibt Ihnen die Anwendung radikaler Maßnahmen die Möglichkeit, »der Buße würdige Frucht« zu bringen (Mt 3,8). Während Sie lernen, auf Gott zu vertrauen, dass er Sie frei macht, werden Sie sich danach sehnen, immer stärker mit diesem Verlangen erfüllt zu werden. Wenn Sie sich wirklich um Wachstum bemühen, können Sie bereits einige Veränderungen feststellen, bevor sich Ihr neues Verlangen ganz ausgebildet hat. Die äußerlichen Maßnahmen sind die ersten Schritte zur Veränderung, und wenn sie auch nicht automatisch Ihr innerliches Verlangen umformen, sind sie doch Ausdrucksformen *wahrer* Veränderung. Aber Sie brauchen Jesu Gnade, um sie zu vollenden. Wenn Sie seine Gnade erleben, diese ersten, harten und schwankenden Schritte tun zu können, erkennen Sie darin die Frucht göttlichen Wirkens. Und wenn Sie diese Frucht sehen, stärkt dies Ihr Vertrauen, dass Jesus Ihnen auch die Gnade geben wird, die volle Veränderung zu erleben, nach der Sie suchen.

Diese wunderbare fortschreitende Veränderung wird Ihnen durch Jesu vergebende und verändernde Gnade geschenkt. Wenn Sie weitermachen, in der Kraft dieser Gnade um Reinheit zu kämpfen, müssen Sie auch fortfahren, Gottes Vergebung und seine verändernde Kraft zu suchen. Flehen Sie Jesus an. Denken Sie an seinen Tod am Kreuz und daran, wie damit Ihre Vergebung und Ihre Fähigkeit, gehorchen zu können, erkauft wurden. Glauben Sie, dass Jesu Blut für jeden sündigen Mangel an Ernsthaftigkeit ausreicht. Es gibt Ihnen auch Kraft, jede nötige radikale Maßnahme durchzuführen.

Kämpfen Sie um Reinheit in der Kraft der Gnade

1. Bedenken Sie, wie nötig es ist, radikale Maßnahmen hinsichtlich Ihres Denkens zu ergreifen. Nehmen Sie sich vor, im gleichen Augenblick Buße zu tun, in dem Ihre Gedanken zur Unreinheit hin abdriften. Bitten Sie Jesus, Ihnen zu helfen, diesen Vorsatz durchzuhalten. Machen Sie einen Plan, wie Ihre Vertrauensperson Sie überprüfen kann. Denken Sie über einen Bibelabschnitt nach, den Sie benutzen können, um gleich

zu Anfang die Versuchung in Ihrem Herzen zu bekämpfen. Schreiben Sie den Text auf und lernen Sie ihn auswendig. Planen Sie als Letztes mit demjenigen, dem Sie Rechenschaft ablegen, eine Abmachung, wie Sie ihn anrufen können, sobald Sie in Versuchung geraten.

2. Bedenken Sie, dass Sie es nötig haben, radikale Maßnahmen in Bezug auf den Umgang mit Ihrer Zeit anzuwenden. Schreiben Sie die Zeiten auf, in denen Sie am meisten zur Pornografie versucht werden, und diskutieren Sie das mit Ihrer Vertrauensperson. Machen Sie zusammen einen Plan, wie man diese Zeiten mit Aktivitäten ausfüllen kann, die Sie zur Reinheit anleiten.
3. Finden Sie heraus, wo Sie an Pornografie gelangen können. Schreiben Sie die Orte auf und teilen Sie diese Ihrer Vertrauensperson mit. Bekommen Sie das entsprechende Material online oder aus dem Fernseher, kaufen Sie es im Geschäft, oder erhalten Sie es von einem Bekannten? Lesen Sie dieses Kapitel noch einmal und schreiben Sie alle radikalen Maßnahmen auf, die Sie ergreifen, um den Zugang zur Pornografie zu blockieren.
4. Wenn Ihnen diese Schritte zu hart vorkommen, oder wenn Sie gerade in einer Versuchung stecken, dann suchen Sie Jesus im Gebet. Bitte Sie ihn im Glauben um Hilfe, und er wird sie Ihnen geben.

KAPITEL 5

Setzen Sie das Bekennen im Kampf gegen Pornografie ein

Tom war enttäuscht. Er saß mit mir und einem weiteren Pastor in meinem Büro, als wir ihn mit unserer Vermutung konfrontierten, er hätte Pornografie angeschaut. Er gab zu, ziemlich viel Zeit damit zugebracht zu haben, betonte nun aber, schon seit einer Woche damit Schluss gemacht zu haben. Ihm war bewusst, falsch gehandelt zu haben. Darum hätte er auch einem Freund aus der Gemeinde davon erzählt und die passende Sicherheitssoftware auf seinen Computer heruntergeladen.

Diese Schritte machten uns Mut, aber dann fragten wir Tom, ob er diese Sünde seiner Frau bekannt hätte. Das hatte er nicht getan. Als wir darauf bestanden, er müsse seiner Frau bekennen, was er getan hatte, wurde er sehr erregt. Und in seiner Enttäuschung protestierte er: »Meine Frau weiß nichts davon. Würde ich ihr davon erzählen, so *entstände* eher ein neuer Konflikt, als dass einer beseitigt würde. Außerdem habe ich ihr auch gar nichts zu sagen, weil ich schon eine Weile nicht mehr so etwas angeschaut habe.« Schließlich fügte er hinzu: »Es ist doch nicht so, als hätte ich mit einer anderen Person tatsächlich Ehebruch getrieben. Ich habe auch nie aufgehört, mit meiner Frau sexuell zu verkehren.« Tom war sich ganz sicher, dass es sehr töricht wäre, seiner Frau diese Sünde zu bekennen.

Nach einem langen Gespräch willigte Tom endlich ein, diese Sünde seiner Frau zu bekennen. Er tat, wozu wir ihn ermutigt hatten, und danach war ihre Beziehung stabiler als vorher. Tom erzählte mir später, dass dieses Bekenntnis eines der wichtigsten Mittel war, die der Herr benutzte, um ihn davor zu bewahren, jemals wieder zur Pornografie zurückzukehren.

Bevor Tom zu dem Bekenntnis vor seiner Frau bereit war, mussten wir ihn überzeugen, dass ein solches Bekenntnis ihm wirklich im Kampf gegen die Sünde helfen würde. Im ersten Kapitel sprach ich darüber, wie wichtig es ist, Gott unsere Sünde zu bekennen; in diesem Kapitel werden wir die Notwendigkeit eines Bekenntnisses vor den Menschen anschauen. Ich bete dafür, dass Sie, genauso wie Tom, etwas von der Macht der Gnade erfahren, die darin liegt, dass wir die Sünde vor denen bekennen, die durch unsere Beschäftigung mit Pornografie Leid erfahren haben.

Die Wichtigkeit des Bekennens

Ehe Tom unseren Rat annahm, musste er erst erkennen, dass dieser Rat biblisch begründet war, und ich glaube, dasselbe trifft auch auf Sie zu. Die Bibel sagt in Sprüche 28,13 sehr klar: »Wer seine Übertretungen verbirgt, wird kein Gelingen haben; wer sie aber bekennt und lässt, wird Barmherzigkeit erlangen.« Mindestens drei Wahrheiten in diesem Text beweisen, wie wichtig das Bekennen der Sünde für uns Menschen ist.

Erstens ist ein Sündenbekenntnis wichtig, weil die Bibel uns sagt, dass dies der Weg ist, die von Gott verheißene Barmherzigkeit und seinen Segen zu empfangen. Dieser Vers lehrt uns auch, dass es schlecht ist, unsere Sünden zu verbergen, und dass es gut ist, sie offen zu bekennen. Man beachte: Dies geschieht nicht in Gestalt eines Befehls – es ist eine Verheißung. Die Bibel sagt ebenso deutlich, dass es kein Gelingen für solche gibt, die ihre Sünden verbergen. Andererseits wird Gutes über alle kommen, die ihre bösen Taten aufdecken. Gott hat uns sein Wort gegeben und lädt uns darin in seiner Gnade ein, die Sünden zu bekennen, weil das besser ist, als sie zu verbergen. Wie bei einer Operation befördern Schmerzen die Heilung. Somit findet sich hier schon der erste und offensichtlichste Grund, Ihre Sünde offenzulegen:

Dieses Bekenntnis ist nämlich ein Zeichen davon, dass Sie nun weise genug geworden sind, die gnadenreichen Segnungen zu suchen, die mit dem Aufdecken der Sünde verbunden sind.

Der zweite Grund, weshalb ein Sündenbekenntnis wichtig ist, hat mit den *Arten* der Gnade zu tun, die den Bekennern zuteilwerden. Eine Gnade, die durch das Bekenntnis erlangt wird, besteht in den Segnungen dahin gehend, dass Beziehungen fortan von Offenheit geprägt sind und wiederhergestellt werden. Sünde trennt Sie von denen, gegen die Sie gesündigt haben, indem sie Mauern errichtet zwischen Ihnen und denen, die Sie lieben. Wie können Sie diesen Schaden heilen? Wie können Sie reparieren, was Ihre Sünde zerstört hat? In der Bibel finden wir keine Zurücknahmen, kein Zukleistern und keine Versuche, etwas ungeschehen machen zu wollen. Sünde ist nicht ein Missgriff, den man einfach nur nachbessern müsste. Nur indem wir uns dem Prozess des Bekennens unserer Sünde aussetzen, ermöglicht Gott uns, etwas Beschädigtes oder Zerbrochenes wieder in Ordnung zu bringen. Um mit Ihren Lieben wieder Gemeinschaft haben zu können (d. h. Gnade zu empfangen), müssen Sie zunächst Ihre Sünde bekennen.

Tom hatte gegen Menschen gesündigt, die nichts davon ahnten. Seine Frau mag die Sünde nicht wahrgenommen haben, aber ihr Erkenntnismangel ändert nichts an der Tatsache, dass Tom sehr wohl sein Versprechen gebrochen hat, seiner Frau gegenüber treu zu sein. Einerlei, ob Toms Frau davon wusste oder nicht, seine Sünde führte zu einem Mangel an Offenheit und Aufrichtigkeit in ihrer Beziehung. Tom verstand es, seine Frau im Dunkeln und in Unkenntnis zu lassen, aber es ist weit besser, eine Beziehung mit der eigenen Frau zu wünschen, die auf Ehrlichkeit, Vertrauen und auf volle Kenntnis der Stärken und Schwächen des Partners gegründet ist. Tom konnte diese Gnade nur dadurch erhalten, dass er seine verborgenen Sünden bekannte. Diesen Weg müssen auch *Sie* beschreiten.

Ein dritter Grund, weshalb Ihr Sündenbekenntnis wichtig ist, hängt mit einer weiteren Gnade zusammen, die solch ein Bekenntnis begleitet. Jakobus sagt uns in Kapitel 4,6: »Gott widersteht den Hochmütigen, den Demütigen aber gibt er Gnade.« In diesem Vers finden sich zwei wichtige Verbindungen zu Ihrem Kampf mit der Pornografie. Einerseits will ich annehmen, dass Sie bei Ihren Bemühungen um Reinheit die Gnade und Gunst Gottes erleben möchten. Immerhin ist es gut möglich, dass Sie ein Buch wie dieses deshalb lesen, weil Sie um alles in der Welt Gottes Kraft erfahren möchten.

Andererseits wollen die meisten Leute ihre Sünden aus Scham oder Furcht nicht bekennen. Auch Sie mögen sich wegen Ihres Versagens schämen und nicht wollen, dass andere davon erfahren. Vielleicht fürchten Sie sich vor der Reaktion, wenn diese erfahren, was Sie getan haben. Sie können dieser Furcht sogar ein frommes Mäntelchen der Heiligkeit und Liebe umhängen und daraus legitime Gründe ableiten, ein Bekenntnis zu vermeiden. Sie denken vielleicht: ›Ich will meiner lieben Frau keine solche Zerreißprobe zumuten. Es wäre falsch, andere mit meinen Sorgen zu belasten. Wenn ich das meiner Frau erzählte, würde das die Sache nur verschlimmern. Ich kann mein Leben ganz allein ändern, ohne dass jemand von alldem etwas erfährt.‹ Aber diesem Nichtbekennen heimlicher Sünden liegt meistens ein eher egoistischer Gedanke zugrunde: Sie lieben sich selbst und Ihre Reputation mehr als Gott und Ihre Nächsten. Sie sind stolz.

Nun, wie kann ein stolzer Mensch dazu kommen, Gottes Gunst zu erleben? Wie kann ein Mensch voller Eigenliebe Gottes verändernde Gnade erfahren? In Jakobus 4,6 gibt Gott Ihnen eine Verheißung, indem er sinngemäß sagt: »Wenn du meine Gunst erleben willst, demütige dich selbst, und wenn du meine Gnade wünschst, dann bekenne deine Sünden.« Es gibt weder Gnade noch Gunst für alle, die in arroganter Weise ihre Sünden zudecken und verborgen halten. Gottes Gnade werden Sie nur finden, wenn Sie demütig Ihre Sünden bekennen – nicht nur vor Gott, sondern vor allen, denen Sie Unrecht getan haben. Dabei spielt es keine Rolle, ob diese es wissen oder nicht.

In welchem Rahmen muss Sünde bekannt werden?

Ich hoffe, Sie davon überzeugt zu haben, dass nur ein Bekenntnis auf den Weg der Heilung und des Segens führt. Aber ich muss auch eine Warnung aussprechen. Sie müssen gut aufpassen. Sündenbekenntnisse können eine verzwickte Angelegenheit werden. Wir leben in einer Kultur, die nicht weiß, wie man Sünden bekennt. Es gibt viele Fehler, die von den Menschen oft gemacht werden und die große Schmerzen verursachen können. Weil Ihre Sünde vielfach einen schmerzvollen Schock für solche bedeutet, gegen die Sie gesündigt haben, ist es klug zu überlegen, wie Sie das Sündenbekenntnis so weise wie möglich ablegen. Es folgen jetzt sechs Leitlinien, durch die Ihr Bekenntnis so hilfreich wie möglich wird.

1. Bekennen Sie Ihre Sünde allen, die durch Ihre Sünde in Mitleidenschaft gezogen wurden.

Die Bibel hat viel über das Bekennen von Sünden zu sagen, und wir können nicht auf alles eingehen. Aber wenn ich den Inhalt vieler Texte auf ihren gemeinsamen Grundsatz herunterbrechen sollte, so würde ich sagen, dass der Kreis Ihres Bekenntnisses genauso groß sein muss wie derjenige Ihrer Sünde. Wenn Sie einen Kreis schlagen um alle, die von Ihrer Sünde berührt wurden, dann sollten Sie sie auch vor allen innerhalb dieses Kreises bekennen. Gott steht im Zentrum dieses Kreises, denn alle Sünden werden letztlich gegen ihn verübt (Ps 51,6). Aber gewöhnlich befinden sich in diesem Kreis auch noch zahlreiche andere Personen. Sie sollten die Sünde Ihrem Ehepartner bekennen, weil die

Beschäftigung mit Pornografie eine eklatante Verletzung Ihres ehelichen Treuegelöbnisses darstellt. Aus einem ähnlichen Grund sollten Sie sie vor Ihrer Verlobten bekennen. Sie haben schon im Voraus das Versprechen gebrochen, das Sie vorgeben abzulegen. Auch müssen Sie sie Ihren Vertrauenspersonen bekennen, denn Pornografie anzuschauen, ist ein Bruch in der Beziehung zu diesen Glaubensgeschwistern, mit denen Sie sich verbunden haben, um gemeinsam geistlich zu wachsen. Ebenfalls müssen Sie sie allen bekennen, deren Geräte, Geld oder Räume Sie genutzt haben. (Vielleicht haben Sie den Computer Ihres Nachbarn bzw. das Geld Ihres Freundes oder Zimmergenossen verwendet.) Oft befinden sich in diesem Kreis noch weitere Personen. Kurz gesagt: Sie müssen vor allen ein Bekenntnis ablegen, denen Sie geschadet haben, auch wenn es ihnen nicht bewusst ist.

2. Bekennen Sie Ihre Sünde niemandem, der nicht durch sie berührt wurde.

Wenn Sie Punkt 1 anerkennen, können Sie zu der Ansicht kommen, man könnte den Kreis nicht groß genug machen. Das stimmt nicht. Manchmal kann unser Schuldgefühl uns zum unweisen Ablegen eines Schuldbekenntnisses bringen – einfach in dem unangebrachten Begehren, »alles loszuwerden« und »ganz ehrlich« zu sein. Es folgt nun eine Geschichte, die zeigt, wie verheerend so etwas wirken kann.

Vor einigen Jahren bat mich einer meiner Schüler um ein privates Gespräch, das er im Beisein seiner Bekannten mit mir führen wollte. Während der Unterhaltung gestand der junge Mann, er werde von Begierde nach dieser jungen Frau geplagt. Er wusste, dass es falsch war, in seinem Kopf lustvolle Fantasien zu pflegen, wenn er an sie dachte. Daher bat er sie um Vergebung. Ich kann gar nicht sagen, wie sehr dieses Gespräch die junge Frau entsetzt hatte. Das merkte ich, als sie in meinem Büro weinte. Sie wusste überhaupt nicht, wie sie mit dieser Situation umgehen sollte.

Was war falsch an dieser Unterhaltung? Immerhin meinte es der junge Mann ehrlich und wollte alle Finsternis in seinem Herzen ans Licht bringen. Es muss ihn eine große Portion an Erniedrigung und Mut gekostet haben, einer jungen Frau diese Sünde zu bekennen. (Denn obwohl sie zu seinem Bekanntenkreis gehörte, war er keine Beziehung zu ihr eingegangen.) Sein Problem bestand darin, unklugerweise mehr Personen als nötig damit zu befassen. Der Wunsch dieses Mannes, sich zu entlasten, wurde dadurch befleckt, dass er nur an sich dachte. Er hatte überhaupt nicht bedacht, welchen Kummer diese Information der jungen Frau brachte, die von der ganzen Sache nicht die mindeste Ahnung hatte. Das Problem bei diesem Bekenntnis lag nicht darin, dass die Frau nichts von der Sünde ahnte, sondern in der Tatsache, dass die Sünde dieses lüsternen jungen Mannes sie nicht im Mindesten berührt hatte. Begehrlichkeit ist zunächst einmal eine Sünde des Herzens und eine Sünde gegen Gott. Dieser junge Mann hatte mit seinen lustvollen Gedanken in keiner Weise etwas getan, was diese junge Frau tangiert hatte. So brauchte der Schuldige einzig Gott seine Sünde zu bekennen.

Aus dieser Geschichte lernt man, dass ein Bekenntnis nicht nur den Bekennenden etwas angeht. Man muss es auch als Bemühung betrachten, Gott und dem Nächsten zu dienen. Und dazu müssen wir uns durch die Heilige Schrift und nicht durch unsere eigenen Wünsche leiten lassen. Stellen Sie in jedem Fall sicher, dass die Menschen, denen Sie Ihre Sünde bekennen, innerhalb des Kreises derer stehen, die durch Ihre Sünde verletzt wurden. Dieser Grundsatz besagt nicht, es sei immer falsch, mit anderen in allgemeinen Ausdrücken über unser Straucheln zu sprechen, wenn wir Zeugnis ablegen wollen von der Treue, mit der uns Gott ein Leben lang bewahrt hat. Das bedeutet auch nicht, Sie müssten geistliche Mentoren ausschließen, die Ihnen helfen können, der Verantwortung in Ihren Gedanken und Versuchungen gerecht zu werden. Es bedeutet aber sehr wohl, sorgfältig darüber zu wachen, dass Sie nicht andere Menschen in Ihre Kämpfe gegen die Sünde hineinziehen. Wenn Sie über diese beiden ersten Grundsätze nachdenken, werden Ihnen sicher manche Fragen darüber kommen, wem Sie etwas bekennen müssen. Wenn das so ist, sollten Sie beten! Bitten Sie Gott um Weisheit. Suchen Sie die Weisheit anderer, wie z. B. die eines Ältesten oder eines gläubigen Freundes bzw. der Eltern oder eines anderen weisen Gläubigen. Bitten Sie um Hilfe, um hier klarzusehen.

3. Bekennen Sie Ihre Sünde mit der Bereitschaft, die Konsequenzen Ihrer Sünde auf sich zu nehmen.

Toms Ehe wurde schließlich durch seine Aufrichtigkeit hinsichtlich der Sünde gefestigt, wenn es auch immer wieder Rückschläge auf dem Weg gab. Als Tom anfangs bekannte, war seine Frau verletzt, schockiert und zornig. Sie weinte und fragte, wie sie damit umgehen sollte. Sie klagte ihn an, er halte sie nicht für attraktiv. Tom musste auf der Couch schlafen, und Tom antwortete, indem er seiner Enttäuschung Ausdruck verlieh: »Ich habe doch das Richtige gemacht! Ich habe meine Schuld bekannt! Und nun bist du böse auf mich? Solltest du nicht großzügiger sein und mir vergeben?«

In Wirklichkeit war seine Frau *durchaus* zum Vergeben bereit, aber sie benötigte Zeit dafür, die ihr von Tom verkündete niederschmetternde Botschaft zu verarbeiten. Tom war nur seiner unrealistischen Erwartungen wegen enttäuscht. Er hätte damit rechnen müssen, dass er seine Frau mit seinem Bekenntnis sehr verletzt hatte. Es war naiv und unrealistisch anzunehmen, alles sei nach dem Bekenntnis sogleich wieder in Ordnung. Stattdessen musste er lernen, dass das Bekenntnis nur der *erste* Schritt zur Lösung war.

Wenn Sie Ihre Sünde bekennen, müssen Sie damit rechnen, dass alle, denen Sie Unrecht getan haben, ärgerlich, zornig und von Ihrer Sünde tief verletzt sind. Auch sollten Sie mit Beziehungsschwierigkeiten rechnen, die sicher nicht alle im rechten Verhältnis zu Ihrer Tat stehen. Bedenken Sie immer: Sie sündigen gegen andere Sünder. Vergebung anbieten kann genauso schwer werden wie ein Sündenbekenntnis.

Die Leute, gegen die wir gesündigt haben, wissen, wie man darauf mit Sünde reagiert. Ein Angehöriger oder ein anderer nahestehender Mensch kann darauf mit einem Gefühlsschock antworten. Anstatt in gleicher Weise zu reagieren, sollten Sie darauf vorbereitet sein, gelassen bleiben und dem Gegenüber Zeit geben, mit Ihrem Bekenntnis fertigzuwerden. Wenn Eltern mit sündigem Ärger reagieren, dann vertrauen Sie auf Gott! Anstatt sie wegen ihrer Reaktion zu tadeln und dadurch Ihr Bekenntnis durch Anklagen abzuwerten, sollten Sie sich in ihre Lage versetzen. Sehen Sie in ihrem Schock, in ihrer Verletzung und in ihrem Ärger, wie schwerwiegend Ihre Sünde ist und welche tiefen Wunden sie in den Herzen derer geschlagen hat, die Sie lieb haben. Ungeachtet ihrer Reaktion sollten Sie auf Gott vertrauen, dass er Ihnen Gnade gibt, richtig damit umzugehen. Sprechen Sie mit der weisen Person, die Ihnen beisteht, und überlegen Sie, was gemeinsam zu tun ist. Wenn Sie sich zu einem Bekenntnis entschlossen haben, müssen Sie wissen, dass es nicht Ihre Aufgabe ist, sich alle denkbaren Möglichkeiten zurechtzulegen, für alle Eventualitäten zu planen und sich wegen der eventuellen Resonanz Sorgen zu machen. Ihre Aufgabe besteht vielmehr darin, treu zu sein und den nächsten richtigen Schritt zu tun. Bekennen Sie mit der Bereitschaft, die Folgen anzunehmen und an einer langfristigen Wiederherstellung zu arbeiten.

4. Sehen Sie sich nach einer dritten Person um, die Ihnen hilft, mit der Reaktion auf Ihr Bekenntnis fertigzuwerden.

Als Tom eingewilligt hatte, seine Sünde zu bekennen, boten wir ihm an, entweder mit ihm zu gehen oder es ihn allein tun zu lassen. Tom bat uns, mit ihm zu gehen. Tatsächlich habe ich in all den Jahren meines Dienstes nie einen Mann in Toms Lage erlebt, der lieber allein seine Sünde bekennen wollte. Ich denke, einen Dritten mitzunehmen, ist oft die klügere Entscheidung.

Wenn Sie eine ernste und heimliche Sünde wie Pornografie jemandem bekennen, den Sie lieben, können Sie die unterschiedlichsten Reaktionen erleben. Die Anwesenheit einer Vertrauensperson kann angesichts der Bandbreite von Reaktionen sehr hilfreich sein. Zunächst einmal kann der Dritte Sie davon abhalten, zu »kneifen« und nicht zu bekennen. Er kann Ihnen ebenso helfen, in Bezug auf die Einzelheiten ausgewogen zu sein, sodass Sie weder zu viel noch zu wenig preisgeben. Er kann Sie leiten, damit Sie die richtigen Antworten auf die gestellten Fragen geben, und er kann dem, der Ihr Bekenntnis hört, zeigen, dass Sie wirklich Hilfe von außen annehmen und nicht alles allein erledigen wollen. Eine dritte Partei gibt auch der angesprochenen Person Mut, dass sie nicht auf sündige Weise reagiert. Ein weiser Dritter kann ebenso helfen, für beide Personen einen Weg zu bahnen, auf dem sie nach dem Bekenntnis voranschreiten können.

Bei der Auswahl der Sie begleitenden Person ist es klug, einen reifen Christen zu wählen, dem der andere, der Ihr Bekenntnis hört, Respekt und Vertrauen entgegenbringen kann. Eine Vertrauensperson, der Sie Rechenschaft ablegen, ist nicht notwendigerweise die beste Wahl. Es mag Ihnen gefallen, mit dieser Person zu gehen, aber er oder sie muss vielleicht nicht die beste Wahl sein. Es geht immer darum, dass derjenige, mit dem Sie reden müssen, Zutrauen und Gelassenheit gewinnt. Sprechen Sie darüber! Bitten Sie um Weisheit und treffen Sie eine überlegte Entscheidung, die für Sie hilfreich ist und die dem Interesse der Person dient, der Sie etwas bekennen müssen.

5. Bekennen Sie Ihre Sünde gründlich, aber nicht notwendigerweise in allen Einzelheiten.

In ihrem Schmerz verlangte Toms Frau Einzelheiten über das, was Tom sich angeschaut hatte. Sie stellte detaillierte Fragen darüber, wie die Frauen auf den entsprechenden Internetseiten aussahen und was sie taten. Diese Fragen versetzten Tom in eine scheußliche Lage. Er wollte seiner Frau gegenüber ehrlich sein und sie durch fehlende Bereitschaft zur Beantwortung ihrer Fragen nicht zornig machen. Er war sich jedoch nicht sicher, ob es hilfreich für sie war, solche Details zu erfahren. Tom empfand zu Recht diese Qualen. Nach meiner Erfahrung wollen viele Ehepartner (besonders die Frauen) nach solchen vernichtenden Offenbarungen jede kleine Einzelheit erfahren. Sobald sie erfahren, dass ihre Ehepartner wiederholt die gleichen heimlichen Sünden begangen haben, verlangen sie uneingeschränkten Zugang zu allen Einzelheiten. Sie wollen irgendwie das Gefühl erreichen, über etwas die Kontrolle zu haben, was ihnen bisher vorenthalten wurde. Solche Gedanken sind verständlich, in der Regel aber nicht hilfreich. Wenn man eindeutige Bilder von jener Art der Pornografie liefert, die der Mann angeschaut hat, kann das den Wiederherstellungsprozess entscheidend behindern. Wurden aufregende Bilder erst einmal im Geist verankert, sind sie schwer von dort zu entfernen. Viele glauben, das Wissen über Einzelheiten würde helfen, aber in Wirklichkeit schadet es nur.

Gleichzeitig war es wichtig für Tom, das Bekenntnis offen und vollständig abzulegen. Das gilt auch für Sie. Diejenigen, denen Sie etwas zu bekennen haben, müssen erfahren, dass Sie ein Problem mit der Pornografie haben (und nicht nur allgemein einen Kampf mit der Begierde führen), und sie müssen zumindest ungefähr wissen, wie stark Sie angefochten sind. Sie sollten auch wissen, wie oft Sie straucheln – täglich, jede Woche, jeden Monat? Auch müssten sie wissen, ob Sie in finanziellen oder gesetzlichen Schwierigkeiten stecken. Sie müssten außerdem wissen, ob Sie eine andere Art von Pornografie als die häufig konsumierte anschauen, anhand derer man erkennt, dass Ihre Probleme über Ihr Verlangen nach heterosexueller Pornografie hinausgehen. Reden Sie mit Ihrer Vertrauensperson darüber, wie Sie die Details so vollständig wie möglich bekennen, während Ihnen gleichzeitig klar ist, dass die Person, die Ihr Bekenntnis anhört, keineswegs erschöpfende Einzelheiten darüber wissen muss, was Sie sich angeschaut haben.

Die Menge der Informationen einzuschränken, kann auch gefährlich sein. Die Person, der Sie etwas bekennen, kann Ihre Zurückhaltung als Zeichen dafür werten, dass Sie ausweichen und nicht wirklich ehrlich sind. Das ist ein weiterer Grund für einen Begleiter, der dieser anderen Person freundlich zu der Einsicht verhelfen kann, dass ein kontrolliertes Bekenntnis für alle das Beste ist.

6. Bekennen Sie Ihre Sünde, ohne sie irgendwie zu entschuldigen.

Tom machte einen entscheidenden Fehler, während er seiner Frau seine Sünde bekannte. Nachdem er geendet hatte, sagte Tom etwas sehr Törichtes, ehe ihn jemand im Raum daran hindern konnte. Er bemerkte, dass es nicht zu diesen Versuchungen gekommen wäre, wenn seine Frau eine aktivere sexuelle Beziehung zu ihm unterhalten hätte. Das nahm seine Frau ihm sehr übel.

Ihre Reaktion war verständlich, denn Toms Unterstellung war selbstsüchtig und falsch. Aussagen dieser Art übertragen die Verantwortung für Ihre Sünde auf andere. Wenn Sie sündigen, sind *Sie* der einzig Verantwortliche dafür (Mk 7,21-23). Andere Menschen können gegen Sie sündigen, Ihnen das Leben schwer machen und Sie zur Sünde verleiten; sie können Sie aber nie *in die Sünde treiben*. Wenn Sie sündigen, ist es immer Ihr Fehler, und Sie sollten nie etwas sagen oder tun, wodurch die Schuld auf andere geschoben wird. Wenn jemand wirklich gegen

Sie gesündigt hat, dürfen Sie das vorbringen, nachdem Sie Ihre eigene Sünde bekannt und die volle Verantwortung dafür übernommen haben (Mt 7,1-5).

Bekenntnis und Furcht

Ich weiß, dass ich etwas sehr Schweres von Ihnen verlange. Wenn Sie überlegen, ob Sie diesen Schritt in Richtung Reinheit tun wollen, wird es Ihnen vorkommen, als sei das Bekennen einer geheimen Sünde eine der schwersten Aufgaben, die je von Ihnen gefordert wurden. Ich kann es nachfühlen, wie unmöglich es erscheinen kann, eine so ernste Sünde zu bekennen, besonders wegen der Furcht, Ihre Lieben könnten Sie fortan hassen. Um diese Angst zu überwinden, müssen Sie Ihr Augenmerk auf zwei Wahrheiten richten.

Erstens müssen Sie vermeiden, vor Gottes Wort Angst zu haben, und stattdessen darauf vertrauen. Wenn Sie vor der Herausforderung stehen, Ihre Sünde vor anderen zu bekennen, haben Sie eine Entscheidung zu fällen. Wollen Sie Ihrer Angst folgen und stillschweigen, oder wollen Sie im Glauben leben und bekennen? Von Ihnen aus betrachtet, mag es viele Gründe geben, nichts zu sagen. Ihnen wird es darum gehen, den äußeren Schein Ihrer Unbescholtenheit aufrecht zu halten oder Ihre Lieben vor Kummer zu bewahren bzw. all Ihren Beziehungen solche Anspannungen zu ersparen. Gottes Wort durchbricht alle diese konfusen, angstbesetzten und selbstsüchtigen Argumente mit der kompromisslosen und klaren Botschaft: »Wer seine Übertretungen verbirgt, wird kein Gelingen haben; wer sie aber bekennt und lässt, wird Barmherzigkeit erlangen« (Spr 28,13). Wollen Sie Ihrer verdrehten Argumentation vertrauen oder Gottes untrüglichem Wort? Möchten Sie Barmherzigkeit erlangen, oder möchten Sie immer tiefer im Unglück versinken?

Zweitens, wenn Sie gegen Ihre Angst kämpfen und durch Bekenntnis Barmherzigkeit erleben möchten, dann werden Sie merken, dass Sie das allein nicht schaffen. Dazu brauchen Sie Kraft, und ohne Gnade wird Ihnen das auch nicht gelingen. Das in diesem Abschnitt behandelte Bekenntnis muss von Anfang bis Ende in Gnade eingehüllt sein. Wir haben schon von der Barmherzigkeit und Gnade gesprochen, die denen geschenkt wird, die ihre Sünde bekennen. Wir müssen allerdings Folgendes anerkennen: Wenn wir die Gnade erleben wollen, die unserem Sündenbekenntnis folgt, benötigen wir zunächst die Kraft, die zu einem solchen Bekenntnis führt. Die zum Bekennen der Sünde nötige Kraft ist die vergebende und verändernde Gnade, von der wir zu Anfang dieses Buches gesprochen haben. Sie müssen Gottes vergebende Gnade suchen, weil Sie die Sünde bisher nicht bekannt haben, und Sie brauchen die verändernde Gnade, um Kraft zum Bekennen zu erhalten. Wenn Sie Gottes Gnade empfangen haben, durch die Sie vor anderen Ihre Sünde bekennen konnten, werden Sie auch die Gnade empfangen, die aus diesem Bekenntnis hervorkommt. So steht die Gnade am Anfang und am Ende Ihres Bekenntnisses. Wenn Sie versucht sind, Ihren Ängsten zu folgen, sollten Sie diese Ängste Jesus bekennen. Bitten Sie ihn um die vergebende Gnade, flehen Sie Gott um die verändernde Gnade an, die Sie zum Bekenntnis Ihrer Sünde stärken wird – überall, wo es nötig ist. Jesus liebt Sie. Er will, dass Sie rein werden. Wenn Sie ihm vertrauen, wird er Ihnen mit Freundlichkeit begegnen und Ihnen alles geben, was Sie brauchen, um Vergebung zu empfangen und sich umgestalten zu lassen.

Kämpfen Sie um Reinheit in der Kraft der Gnade

1. Wer sind die Leute, die Sie mit Ihrer Sünde geschädigt haben und vor denen Sie ein ehrliches Bekenntnis ablegen müssen?

Sollten Sie das vielleicht vor Ihrem Ehepartner oder Ihrer Verlobten tun? Haben Sie Ihre Lieben belogen, damit Sie sich der Pornografie hingeben konnten? Haben Sie die Technik oder das Geld von Leuten verwendet, die das nicht gern sähen? Schreiben Sie die Leute auf, die von Ihrer Sünde berührt wurden.

2. Vielleicht gibt es auch Leute, bei denen Sie nicht ganz sicher sind. Wenn Sie darüber nachdenken, Ihre Sünde vor allen zu bekennen, die davon berührt wurden (nicht aber vor solchen, die unbehelligt blieben), dann mag es eine gewisse Grauzone geben. Schreiben Sie auch die Namen derjenigen auf, bei denen Sie sich nicht sicher sind. Sprechen Sie darüber mit der Person, die Ihnen hilft.
3. Haben Sie gegenüber Ihrer Vertrauensperson irgendwelche Fragen betreffs des Bekenntnisses? Gibt es noch andere, die Sie klugerweise mitnehmen sollten, wenn Sie Ihre Sünde bekennen? Schreiben Sie alle Namen auf und besprechen Sie diese mit Ihrer Vertrauensperson.
4. Nun müssen Sie Gottes vergebende und verändernde Gnade suchen. Wo haben Sie Sünde auf sich geladen, seit Sie sich bereits zum Sündenbekenntnis gerufen fühlten? Sind Sie dem Bekenntnis ausgewichen, obwohl Sie wussten, dass es nötig war? Was haben Sie befürchtet, anstatt auf Gottes Wort zu vertrauen? Schreiben Sie alles auf und sprechen Sie im Gebet alle Punkte auf der Liste an. Bitten Sie dabei um Jesu vergebende Gnade. Nun sollten Sie Jesus um Kraft bitten, gehorsam sein zu können und Ihre Sünde zu bekennen.
5. Verabreden Sie sich innerhalb von 24 Stunden mit der ersten Person auf der Liste derer, die Ihr Bekenntnis hören müssen. Arbeiten Sie sich auf ehrliche und passende Weise durch Ihre Liste. Besprechen Sie jede aufkommende Situation mit Ihrer Vertrauensperson.

KAPITEL 6

Nutzen Sie Ihren Ehepartner (oder Ihr Alleinsein) im Kampf gegen Pornografie

Das erste Auto, das ich besaß, war ein Oldsmobile Cutlass Ciera, Baujahr 1987. Vielleicht kommen Ihnen da schon Zweifel, ob es ein so tolles Auto war, aber da haben Sie es noch gar nicht in Augenschein genommen! Hätten Sie es nämlich gesehen, wüssten Sie *eindeutig*, dass es kein tolles Auto war. Es war kastenförmig und grau, und es erzeugte ein nicht sehr stilechtes Pfeifgeräusch, das meinem Ruf an der Highschool nicht guttat. Dieses Geräusch und das eckige, graue Äußere waren leider erst der Anfang. Wenn Sie eine der quietschenden Türen öffneten, sahen Sie die absolut uncoolen dunkelroten Sitze aus Naugahyde. Sollten Sie nicht wissen, was Naugahyde ist, können Sie sich ziemlich glücklich schätzen. Es ist ein Zeug, das man in Plastik prägt, damit es wie Leder aussieht. Manchmal knarrt es und sticht einem in die Haut, oder es bleibt gar an einem kleben. Ich war dankbar, ein Fahrzeug zu haben, aber ein schönes Auto war es wirklich nicht. Ja, wenn ich jetzt daran denke, möchte ich am liebsten nie wieder daran zurückdenken.

Gern würde ich aufhören, an scheußliche Pfeifgeräusche erzeugende Autos der Marke Oldsmobile und an knarrendes Naugahyde zu denken, das sich in die Oberschenkel bohrte, aber die Bilder davon kann ich kaum aus meinem Gedächtnis löschen. Was ist da zu tun? Sollte ich versuchen, mit aller Gewalt nicht an das Auto zu denken? Dann würde ich zu mir selbst sagen: »Ich muss aufhören, an einen Pkw dieser Marke zu denken. Der Cutlass erinnert mich in schlimmer Weise an aufwendige Reparaturen und an Witze von Mitstudenten, die sie auf meine Kosten machten. All das sind Dinge, die ich aus dem Kopf entfernen muss! Dieses Auto war ein rollender Schrottplatz, darum muss ich aufhören, mich mit ihm zu beschäftigen.«

Bemerken Sie etwas bei meinen Versuchen, nicht mehr an mein altes graues Auto zu denken? Das Ganze funktioniert nicht. Obwohl ich mich wirklich anstrenge, die Gedanken an das blöde Auto zu verbannen, bleiben meine Bemühungen erfolglos. Jeder Gedanke, der durch meinen Kopf geht (auch wenn er dazu dienen soll, nicht mehr an das Auto zu denken), drückt dessen Bild nur immer tiefer in mein Bewusstsein ein. Ich brauche eine andere Strategie.

Mein Problem ist, dass ich immer nur gerade an dasjenige denke, was ich aus meinen Gedanken verbannen will. Stattdessen muss ich anfangen, an etwas anderes zu denken – an etwas völlig anderes. Lassen Sie mich ein wenig über das Auto sprechen, das ich jetzt fahre. Es ist ein Toyota Camry. Dabei gebe ich zu, dass es immer noch nicht das coolste Auto auf dem heutigen Markt ist, aber ich muss es einfach gernhaben. Die Klimaanlage funktioniert tatsächlich. Der Motor läuft so leise, dass ich ihn buchstäblich nicht hören kann. Manchmal habe ich den Schlüssel schon zweimal gedreht, weil ich meinte, die Zündung noch nicht eingeschaltet zu haben. Ich hatte den Motor einfach nicht gehört. Der Wagen hat einen CD-Player, Stoffbezüge, automatische Fensterheber und Tempomat. Das alles ist sicher nicht der letzte Schrei, aber das ist mir egal. Ich bin dankbar für meinen Camry.

Haben Sie bemerkt, was eben geschah? Ich hatte aufgehört, an mein altes Auto zu denken, als ich anfing, mir mein neues vorzustellen. Sich auf den Camry einzustellen, trägt besser dazu bei, mein Nachdenken zu verändern, als wenn ich versuche, *nicht* mehr an den alten Cutlass Ciera denken zu wollen.

Dadurch wird ein sehr wirksames Prinzip deutlich: *Sie können niemals aufhören, über etwas nachzudenken, indem Sie versuchen, nicht mehr daran zu denken.* Wenn Sie etwas aus Ihrem Kopf bringen wollen, müssen Sie über etwas anderes nachdenken.

Die Bibel sagt uns, dass dies ein vitaler Grundsatz zur Veränderung ist. Wir müssen unser Denken von der Pornografie abwenden und es auf etwas Heiliges richten. Gott will unser Denken verändern, aber nicht, indem wir unser Augenmerk auf das lenken, was wir vergessen sollen, sondern indem wir die alten, sündigen Gedanken durch neue Gedanken ersetzen, die sich auf Gerechtigkeit konzentrieren.

Was aber hat das Ganze mit der Überschrift unseres Kapitels zu tun – mit dem Gedanken, Sie könnten und sollten Ihren Ehepartner (und wenn Sie Single sind, Ihr Alleinsein) im Kampf gegen die Pornografie einsetzen? Ein Schlüsseltext der Bibel – Sprüche 5 – drückt dieses Prinzip des Umdenkens kraftvoll aus. Er ruft Sie weg von der Unreinheit sexueller Unmoral und hin zur Reinheit einer sexuellen Beziehung mit Ihrem Partner. Wir wollen in zwei Abschnitten den gesamten Text anschauen. Hier folgt der erste Teil:

»Mein Sohn, höre aufmerksam auf meine Weisheit,
neige dein Ohr zu meiner Einsicht,
um Besonnenheit zu bewahren
und damit deine Lippen Erkenntnis hüten.
Denn Honigseim träufeln die Lippen der Fremden,
und glatter als Öl ist ihr Gaumen;
aber ihr Letztes ist bitter wie Wermut,
scharf wie ein zweischneidiges Schwert.
Ihre Füße steigen hinab zum Tod,
am Scheol haften ihre Schritte.
Damit sie nicht den Weg des Lebens einschlägt,
schweifen ihre Bahnen ab, ohne dass sie es weiß.
Nun denn, ihr Söhne, hört auf mich
und weicht nicht ab von den Worten meines Mundes!
Halte fern von ihr deinen Weg
und nähere dich nicht der Tür ihres Hauses;

damit du nicht anderen deine Blüte gibst,
und deine Jahre dem Grausamen;
damit nicht Fremde sich sättigen an deinem Vermögen
und dein mühsam Erworbenes nicht in das Haus eines Ausländers kommt
und du nicht stöhnst bei deinem Ende,
wenn dein Fleisch und dein Leib dahinschwinden,
und sagst: Wie habe ich die Unterweisung gehasst,
und mein Herz hat die Zucht verschmäht!
Und ich habe nicht gehört auf die Stimme meiner Unterweiser
und mein Ohr nicht zugeneigt meinen Lehrern.
Wenig fehlte, so wäre ich in allem Bösen gewesen,
inmitten der Versammlung und der Gemeinde.«

Wenn Sie das Wort *Pornografie* in Sprüche 5 suchen, werden Sie es nicht finden. Aber auch wenn es so etwas wie die moderne Pornografie noch nicht gab, als Sprüche 5 geschrieben wurde, kann die dort erwähnte ehebrecherische Frau für alle sexuell unmoralisch lebenden Frauen stehen – ganz gleich, ob man ihnen in der Pornografie oder in einer anderen Lebenssituation begegnet. Wenn Sie das im Kopf behalten, ist Sprüche 5 eine der klarsten Aussagen über Pornografie, die Sie jemals lesen werden.

Von der Versuchung zur Bedrohung: Die verbotene Frau

Sprüche 5 lenkt unsere Aufmerksamkeit auf Wege, die unsere Gedanken weiterhin bewegen. König Salomo, dessen Leben zumindest in späteren Jahren größtenteils von seinen Begierden beherrscht wurde, beginnt mit einer deutlichen Aussage über die mächtigen Versuchungen, die von der verbotenen Frau ausgehen. Da heißt es: »Denn Honigseim träufeln die Lippen der Fremden, und glatter als Öl ist ihr Gaumen.« Die Bibel sagt ehrlich, dass diese Frau eine unheilvolle Anziehungskraft ausübt, weil sie sexuelles Vergnügen ohne die Verbindlichkeit und die Anforderungen einer ehelichen Beziehung verspricht. Gott gebraucht sehr deutliche Worte, wenn er die Vorgehensweise einer solchen Frau brandmarkt. Wie überall in der Bibel ruft er die Menschen zu sexueller Treue und ehelicher Zuverlässigkeit auf. Aber Salomo wusste nur zu gut, dass die Versuchungen allgegenwärtig und verlockend sind.

Doch Sprüche 5 lässt es nicht dabei bewenden. Der Text hält unsere Gedanken in Bewegung und zeigt uns die Versuchungen durch die verbotene Frau. Salomo beginnt zu entfalten, wie gefährlich die von ihr ausgehende Bedrohung ist. Er offenbart die harte Wahrheit über die verbotene Frau und die erschreckende Wahrheit über den Mann, den sie an sich zieht. Zunächst sagt er uns, dass diese Frau gefährlich sei und letztlich sogar in den Tod ziehe: »Ihr Letztes ist bitter wie Wermut, scharf wie ein zweischneidiges Schwert. Ihre Füße steigen hinab zum Tod, am Scheol haften ihre Schritte.« Durch Salomos Worte zeigt Gott uns, wie schrecklich es unter der verlockenden Fassade aussieht. Pornografie ist nur verlockend, wenn man an der Oberfläche ihrer Verführung bleibt und die Konsequenzen nicht sieht. Wenn Sie sich darauf einlassen, hört Ihr Denken bei ihren verführerischen honigsüßen Lippen und bei ihrem aalglatten Gerede auf, und Sie versäumen, über das nachzudenken, was danach folgt. Gott will, dass Sie weiterdenken und durchschauen, was auf die perverse »Süßigkeit« ihrer Versuchung folgt. Schon der nächste Vers offenbart den schmerzhaften Tod, der hinter der verführerischen Maske lauert. Die Wahrheit über die verbotene Frau in der Pornografie zeigt, dass sie nicht lieb und sanft ist, wie sie zunächst erscheint. Sie ist vielmehr »bitter« und »scharf«, und alle, die ihr folgen, werden sich im Totenreich wiederfinden. Die sündhafte Logik der Pornografie funktioniert nur, wenn Sie nicht wirklich nachdenken wollen.

Gott macht ebenfalls klar, dass die verbotene Frau ihrerseits verführt wurde: »Ihre Füße steigen hinab zum Tod, am Scheol haften ihre Schritte. Damit sie nicht den Weg des Lebens einschlägt, schweifen ihre Bahnen ab, ohne dass sie es weiß.« Frauen, die bei der Pornografie mitmachen, sind gefährlich, weil sie jeden (und auch Sie) vom Weg des Lebens ablenken, aber haben Sie jemals darüber nachgedacht, dass sie ebenso betrogen und in die Irre geleitet wurden? Die Frau, die Ihre Augen selbstsüchtig verschlingen, denkt über den Weg des Lebens nicht nach; sie irrt ziellos und unwissend umher. Die Wahrheit ist, dass in der Porno-Industrie tätige Frauen Männer brauchen, die die Kraft aufbringen, sie auf Christus hinzuweisen, und die ihnen helfen, Freiheit von ihrer Sündensklaverei zu erleben. Was sie keineswegs brauchen, sind Männer, die sie für ihre selbstsüchtigen und perversen Lüste benutzen. Letztendlich werden Sie wegen der Pornografie tiefes Leid tragen – nicht nur, weil sie Ihre Beziehung zu Gott und Menschen zerstört, sondern auch, weil Sie Frauen benutzen, damit sie Ihrem sündigen Fleisch dienen, anstatt dass Sie ihnen von Christus erzählen.

Salomo zeigt die Wahrheit über die ehebrecherische Frau auf, gleichzeitig offenbart er aber auch die Wahrheit über die Folgen sexueller Sünde. Gott zeigt uns, dass ein Mann *in dreifacher Hinsicht* mit schrecklichen Folgen konfrontiert wird, wenn er in die Nähe dieser verbotenen Frau geht: Erstens gibt er seine Blüte[5] und seine Jahre dem Grausamen. Zweitens gibt er sein Vermögen und sein mühsam Erworbenes den Fremden, und drittens erfährt er, dass sein Fleisch und sein Leib dahinschwinden. Kurz gesagt: Die Pornografie nimmt Ihnen Ihre Zeit, Ihre Kraft und schließlich Ihre körperliche Gesundheit. Wenn Sie mir noch nicht glauben, sollten Sie auf Jamies Geschichte hören:

---

5 A. d. H.: Nach mehreren urtexttreuen Bibelübersetzungen ist hier die Ehre des Betreffenden gemeint.

Jamie wuchs in einem nominell christlichen und konservativen Haus auf. Als er aufs College ging, war er, was die meisten als einen »guten Jungen« bezeichnen würden: verantwortungsbewusst und fleißig. Jamie war noch nicht lange auf dem College, als er mit einer Gruppe junger Leute in Kontakt kam, die ihn mit Pornografie bekannt machten. Jamie gefiel das. Er hatte noch nie zuvor eine nackte Frau und ganz sicher noch keine Bilder gesehen, die Pärchen beim Sex zeigten. Jamie gefiel Pornografie, weil er Frauen beschauen konnte, die seiner Meinung nach hübscher waren als alle, mit denen er im wirklichen Leben Kontakt aufnehmen konnte, noch dazu ohne die Furcht, abgewiesen zu werden.

Pornografie war so einfach und machte derart viel Spaß, dass er gar nicht genug davon bekommen konnte. Zunächst war er zu scheu, ins Geschäft zu gehen, um sich Nachschub zu holen, doch bald überwand er seine anfängliche Scham. Am Ende stellte er einen großen Schrank in sein Zimmer, in dem nichts als lauter Porno-Videos waren. Alle Scham, die er erst hatte, war verschwunden.

Etliche Jahre später traf Jamie auf Alyssa. Sie mochten gern beieinander sein, und sie begannen eine ernsthafte Beziehung, in der auch bald die Sexualität eine Rolle spielte. Alyssa wusste von Jamies Pornografie, und sie gefiel ihr nicht, doch meinte sie, Pornografie sei für junge Männer ganz normal. Es passte ihr eigentlich nicht, dass Jamie sie bat, mit ihm zusammen Pornografie anzuschauen, aber sie wollte ihn glücklich machen, und so zwang sie sich, sich daran zu gewöhnen.

Schließlich heirateten Jamie und Alyssa. Nach ihrer Hochzeit war Alyssa entsetzt, wie schnell Jamie das Interesse an ihr verlor. Die Zeiten sexueller Intimität wurden selten, wobei es stets dazugehörte, dass sie sich Pornografie anschauten. Alyssa begann sich zu ekeln. Jamies Pornografie-Sammlung war so groß geworden, dass sie fast den gesamten Kellerraum einnahm. Wenn er von der Arbeit heimkam, ging er gewöhnlich in den Keller und gab sich bis spät in die Nacht seiner Pornografie hin. Er kam oft zu spät zur Arbeit, weil er keine Kraft hatte, aus dem Bett zu kommen, nachdem er bis spät in die Nacht hinein der Unzucht der Akteure auf dem Bildschirm zugeschaut hatte.

Alyssa wollte die Ehe auflösen. Allerdings hatte sie inzwischen zwei Zwillingstöchter geboren und machte sich Sorgen, wie sie die Familie allein ernähren könnte. So versuchte sie, für ihre Ehe zu kämpfen, allerdings ohne Erfolg. Jamie hatte sein Bett im Keller aufgestellt und sprach fast nicht mit ihr. Er verlor seine Arbeit und verbrachte ganze Tage im Keller, anstatt sich nach Arbeit umzusehen. Eines Nachmittags kam Jamie nach oben und fragte eine der Töchter, ob sie in den Keller zum Spielen kommen wollte. Da schnappte sich Alyssa die Kinder und floh.

Jamie ist nun über sechzig Jahre alt. Er hat keine Arbeit und wohnt bei seinem uralten Vater. Alles, was er tagein, tagaus macht, ist, Pornografie anzuschauen. Er kümmert sich nicht um Arbeit, nicht um seine Ex-Frau oder um seine erwachsenen Töchter. Er bietet einen jämmerlichen Anblick, ist unrasiert, und ihm fehlen Zähne. Er riecht übel und trägt schmutziges Zeug. Mit ihm zu reden, ist beinahe unmöglich. Und wie es scheint, kann er im wirklichen Leben überhaupt keine Beziehung mehr zu einer Person aufnehmen.

Jamies Geschichte ist sehr schlimm. Es ist möglich, dass Sie diese Geschichte lesen, sich ziemlich gut dabei fühlen und sich gratulieren, dass es Ihnen bei Weitem nicht so schlecht geht wie ihm. Sie mögen auch denken, Sie würden nie zulassen, dass das Problem solche Ausmaße annimmt. Wenn das so ist, haben Sie überhaupt noch nicht verstanden, was Sprüche 5 Ihnen sagen will.

In seinem Wort warnt Gott uns und sagt, dass wir uns wegen der katastrophalen Konsequenzen von der verbotenen Frau fernhalten sollen. Obwohl die Anfangsschritte in der Versuchung unschuldig aussehen, mit Spaß verbunden sind und sogar einen gewissen Genuss bieten, wird am Ende die Sünde, sich der ehebrecherischen Frau der Pornografie hinzugeben, das ganze Leben beherrschen. Diese Sünde wird die Zeit und Kraft rauben und den gesamten Körper ruinieren. Wenn Sie sich ihr zuwenden, verlieren Sie Ihre Freiheit und die Möglichkeit, die Konsequenzen zu bestimmen. Das ist die Warnung, die Gott uns in seinem Wort gibt. Auch wenn Sie den Tod und das Verderben heute noch nicht sehen – wer sich auf Pornografie einlässt, geht beiden ganz sicher entgegen. Die schlimmsten Arten von Strafen sind jene, die am längsten aufgeschoben werden. Nur weil Sie diese im Augenblick nicht wahrnehmen, bedeutet das nicht, sie würden an Ihnen vorübergehen.

Gott weiß, dass die verbotene Frau mit scheinbar freundlichen Versuchungen kommt, und er warnt uns, wie bedrohlich sie in Wirklichkeit ist. Aber unser Text hört hier nicht auf. Noch einmal: Gott richtet unseren Sinn nach vorn – hin auf die Möglichkeit, ein anderes Leben zu führen. Er zeigt uns eine Alternative zu den Vergnügungen der Pornografie.

»Trinke Wasser aus deiner eigenen Zisterne
und was aus deinem Brunnen quillt.
Sollen nach draußen verströmen deine Quellen,
auf die Plätze die Wasserbäche?
Dir allein sollen sie gehören,
doch keinem Fremden neben dir.
Deine Quelle sei gesegnet,
erfreue dich an der Frau deiner Jugend!
Die liebliche Hirschkuh und anmutige Gämse –
ihre Brüste sollen dich berauschen jederzeit,
in ihrer Liebe sollst du taumeln immerdar!
Warum solltest du, mein Sohn, an einer Fremden taumeln
und den Busen einer anderen umarmen?«
Sprüche 5,15-20 (RELB)

Nachdem Gott ein ungeschminktes Bild von den Versuchungen und Gefahren der fremden Frau gegeben hat, verschwendet er keine Zeit damit, noch weiter nur darauf zu verweisen, das Böse zu vermeiden. Wie wir am Anfang des Kapitels gesehen haben, hält das Hinstarren auf unsere Sünden unsere Sinne und Begierden nur gefangen. Stattdessen schreitet Gott von der Betrachtung der verbotenen Frau hin zum Nachsinnen über die wunderschöne eigene Frau.

Von der Gefahr zum Vergnügen: Die wunderbare Ehefrau

Nachdem Gott das Blatt von der verbotenen Frau der Pornografie zu der wunderbaren Ehefrau gewendet hat, macht er eine Reihe von Anmerkungen über die Frau, um die es nun geht.

Erstens macht Gott klar, dass die intime Beziehung der Ehe mit niemandem sonst zu teilen ist. Er vergleicht die Ehe mit einer Quelle und sagt: »Sollen nach draußen verströmen deine Quellen, auf die Plätze die Wasserbäche? Dir allein sollen sie gehören, doch keinem Fremden neben dir« (RELB). Die Quelle der Sexualität darf nur zwischen Ihnen und Ihrer Frau geteilt werden. Gott will nicht, dass Sie an der Quelle eines anderen teilhaben, noch dass Sie jemanden an Ihrer teilhaben lassen. Die Berufung zur Ehe ist die Berufung zum Kampf für eine exklusive sexuelle Beziehung, die mit niemandem sonst geteilt werden kann.

Zweitens sagt Gott, wir sollten uns an der Frau unserer Jugend erfreuen. Ich habe keine Statistik darüber, wie lange die durchschnittliche Karriere der Darstellerinnen von Pornografie anhält, aber ich wette, dass sie nur sehr kurz ist. Ich bin mir sicher, dass es keine Porno-Darstellerinnen gibt, die sechzig sind. Höchstwahrscheinlich nicht einmal fünfzig. Warum nicht? Weil selbstsüchtige Männer, die Pornografie konsumieren, nur junge Frauen leiden mögen. Solche Männer haben kein Interesse an Falten, Leberflecken oder weißen Haaren. Krähenfüße, schlaffe Haut und Krampfadern sind nicht attraktiv. Mit anderen Worten: Es besteht kein Interesse an Frauen *im wirklichen Leben* – Frauen, die älter werden und an Gesundheitsproblemen leiden. Sobald die Zeit die jugendlichen Gesichter und die schlanken Körper der Porno-Darstellerinnen »weggestohlen« hat, finden dieselben Männer, die sie vorher mit ihren Blicken verschlungen haben, sie plump und hässlich.

Das ist die finstere Korrumpierung des göttlichen Plans, wie Männer Frauen zu behandeln haben. Ein Mann ist dazu geschaffen, eine lebenslange Beziehung zu seiner Frau zu pflegen, indem er den Ehebund mit ihr in Ehren hält. Mann und Frau heiraten, ziehen Kinder groß und genießen zusammen ein Leben in einer Beziehung, die von gegenseitigem Vertrauen, Respekt und von Glauben an Gott geprägt sein soll. Das Leben eines Mannes soll nicht darin bestehen, dass er endlos hinter anderen Frauen her ist – immer auf der Jagd nach denen, die jünger und attraktiver sind. Um 1989 gab Steven Curtis Chapman einem Lied den Titel »I Will Be Here« (»Ich werde hier sein«). Darin ging es darum, dass er seiner Frau immer ergeben sein wollte, bis sie durch den Tod getrennt würden. Als Chapman darüber reflektierte, mit seiner Frau alt zu werden, sang er: »I will be here to watch you grow in beauty.« (»Ich werde hier sein und dich ansehen, wie du immer schöner wirst.«) Männer, die von Pornografie besessen sind, können nicht verstehen, was damit gemeint ist. Ihre Vorstellung von Schönheit hängt von dem Äußeren einer Frau im Film oder in einer Illustrierten ab. Da geht es überhaupt nicht um die Schönheit des Wesens und um die Tatsache, dass in einer Beziehung beide Partner aufeinander angewiesen sind. Es geht nicht um Treue und erfahrene Intimität in vielen gemeinsamen Jahren. Ein Mann ist geschaffen, eine Frau zu heiraten und in der Liebe zu dieser Frau seiner Jugend zu *wachsen*, während sie beide gemeinsam älter werden. Gott fordert das, weil er will, dass Sie die gesamte Persönlichkeit Ihrer Frau und nicht nur ihre äußere Erscheinung lieben. Gott befiehlt dies, weil er beschlossen hat, dass diese Liebe die am meisten befriedigende Liebe sein soll, viel befriedigender als die honigsüßen Lippen der Fremden.

Schließlich legt Gott fest, dass Sie mit der Körperlichkeit Ihrer Frau zufrieden sein sollen. Kaum ein anderer Bibelabschnitt spricht so explizit sexuelle Dinge an wie dieser. Gott befiehlt, dass Sie sich an den Brüsten Ihrer Frau berauschen. Gott befiehlt, dass Sie höchste Freude an der sexuellen Beziehung zu Ihrer Frau empfinden. Und der Text geht sogar noch weiter, wenn er erklärt, Sie sollten allezeit in ihrer Liebe taumeln und davon trunken sein. Obwohl Trunkenheit in der Bibel als Sünde bezeichnet wird, befiehlt Gott hier, trunken zu sein. Aber Sie sollen sich nicht mit Alkohol betrinken, sondern von der Liebe Ihrer Frau trunken sein. Gott heißt sexuelles Vergnügen in der Ehe ausdrücklich gut. Gott hasst den Sex nicht; er hasst ihn *nur* mit der Fremden, aber ihm gefällt es, wenn sich die Treue im Kontext der Ehe auch sexuell ausdrückt. Gott gefällt das so gut, dass er nicht nur eine entsprechende Anordnung gibt, sondern auch sagt, dass es bis zum Rausch hin genossen werden soll. Selbst wenn Ihre Hochzeit schon lange her und die Leidenschaft füreinander schwach ist, sollten Sie diesen Befehl als gute Botschaft vernehmen. Denn Gott befiehlt nicht etwas, ohne auch die nötige Gnade und Kraft zum Gehorchen zu schenken. Es gibt Gnade für Sie, sich an Ihrer Frau so zu erfreuen, wie Gott es wünscht.

Diese Wahrheit sollte als gnadenvolle Strategie zur Veränderung eingesetzt werden

In Sprüche 5 tut Gott mehr, als uns zu zeigen, wie gefährlich die verbotene Frau ist. Auch zeigt er uns nicht nur, wie schön die geliebte eigene Frau ist. Gott eröffnet uns darin vielmehr auch eine Chance zur Veränderung. In diesem Abschnitt erkennt Gott die Versuchungen und die Gefahren durch die verbotene Frau an, aber damit hört er nicht auf. Er lenkt unser Denken nach vorn. Wir sollen über das gottgegebene sexuelle Vergnügen innerhalb der Ehe nachsinnen. Er wendet uns von der verbotenen Frau zu derjenigen hin, die wir lieben sollen.

Mit anderen Worten: Gott will, dass wir aufhören, über Pornografie nachzudenken, und anfangen, unsere Gedanken auf unsere eigene Frau zu richten.

Sie müssen lernen, Ihr Denken nicht mehr auf Pornografie zu richten (selbst wenn Sie überlegen, wie sie Ihnen letztendlich zuwider ist). Vielmehr müssen Sie anfangen, sich auf Ihre Frau einzustellen. Wenn Ihre Gedanken in Richtung Pornografie abgleiten, dann betrachten Sie dies als Alarmzeichen, das Sie daran erinnert, um die Gnade zu beten, dass Ihre Gedanken wieder auf Ihre Frau gerichtet werden mögen. Sprüche 5 weist Sie in drei Richtungen, wenn Sie Gnade erbitten, das zu tun.

1. *Erfreuen Sie sich an der Frau Ihrer Jugend.* Was gefällt Ihnen an Ihrer Frau? Was an ihr bringt Sie zum Jubeln? Auch wenn Sie schon lange verheiratet sind und es ziemlich mühsam geht, müssten Ihnen doch Dinge einfallen, über die Sie sich an Ihrer Frau freuen können. Vielleicht ist es ihr Lachen oder ihre Kochkunst oder die Tatsache, dass sie eine großartige Mutter ist. Vielleicht entzückt Sie ihr Sinn für Humor oder wie sie mit Christus lebt bzw. anderen dient. Überlegen Sie sich wenigstens fünf Dinge, und wenn die Anfechtung durch Pornografie kommt, dann erwähnen Sie im Gebet alle Punkte auf dieser Liste und bitten Sie Gott, er möge Ihr Herz mit tiefer Freude an Ihrer Frau füllen.

2. *Investieren Sie Energie in die Beziehung zu Ihrer Frau.* Weiter oben sahen wir, dass Gott es uns verbietet, unsere Kräfte an die verbotene Frau zu verschwenden. Stattdessen sollen wir diese Kräfte dazu nutzen, unsere eigene Frau zu lieben und ihr zu die-

nen. Was gefällt Ihrer Frau besonders? Vielleicht schätzt sie es, wenn Sie morgens das Bett machen, das Frühstück für die Kinder zubereiten und das Geschirr abwaschen. Sicher mag sie Blumen und Liebkosungen oder das Ausgehen zum Essen bzw. Zeiten, in denen sie sich kurz einmal zurückziehen kann, um nur mit Ihnen zusammen zu sein. Seien Sie nur recht aufmerksam und merken Sie sich drei kleine Dinge, die Sie täglich durchführen können, um ihr zu Gefallen zu sein. Sind Sie dann versucht, sich mit sich selbst und mit Pornografie zu beschäftigen, dann bitten Sie Gott um die Gnade, dass Sie irgendetwas von diesen Dingen für sie tun können.

3. Lenken Sie Ihre sexuellen Kräfte auf Ihre Frau. Es ist wichtig, dass dieser dritte Sachverhalt erst nach den beiden anderen Punkten kommt, die wir eben erwähnt haben. Wenn Sie nicht in Ihrem Herzen die Liebe zu Ihrer Frau innerlich nähren und nach außen hin ihr nicht beständig zu Gefallen sein möchten, dann wird die Ausrichtung Ihres sexuellen Verlangens nach ihr nur umso mehr Ihre selbstsüchtigen Begierden verfestigen, Pornografie konsumieren zu wollen. Die Früchte der Sexualität werden nur von denen wirklich genossen, die sich intensiv um die Wurzeln und Triebe der gesamten Pflanze gekümmert haben. Sie können die Blüten der Sexualität nicht genießen, ohne die ganze Pflanze der Beziehung zu Ihrer Frau sorgfältig zu pflegen. Tun Sie das aber, so sollte Sex zu einem regelmäßigen und immer wieder spannenden Teil Ihres Ehelebens werden. Immer, wenn Sie merken, dass Ihre Gedanken auf irgendeine Weise mit der verbotenen Frau flirten, dann beten Sie um die Gnade, die körperliche Nähe Ihrer Frau zu begehren. Denken Sie an sie und daran, wie sie aussieht. Denken Sie an das, was sie tut, damit Sie glücklich sind. Und dann werben Sie auf gewinnende Weise und mit dienstbereitem Herzen um sie. Seien Sie angesichts von Defiziten auf sexuellem Gebiet zu Gesprächen mit ihr darüber bereit, wie auch in diesem Bereich Ihre Ehe noch erfüllender werden kann.

Wenn Sie aber unverheiratet sind, was dann?

Viele von den Lesern sind nicht verheiratet und haben die berechtigte Frage, welchen Wert all das in diesem Kapitel bisher Gesagte für sie haben könnte. Ich möchte auf zweifache Weise zeigen, dass die Betrachtung der Ehe auch für Alleinstehende hilfreich sein kann, wenn sie durch Pornografie angefochten werden.

Erstens empfiehlt Sprüche 5 nicht nur verheirateten Leuten, den Wert ihrer Ehe neu zu entdecken, sondern hat auch Alleinstehenden Entscheidendes zu diesem Thema zu sagen. Die Ehe ist aus vielen Gründen etwas Wunderbares – nicht zuletzt, weil sie das einzige erlaubte Umfeld für sexuelle Intimität darstellt. Aus dem Grund sagt der Apostel Paulus den Alleinstehenden, sie sollten heiraten, wenn sie sich selbst nicht in der Gewalt haben: »Wenn sie sich aber nicht enthalten können, so lasst sie heiraten« (1Kor 7,9). Paulus meint nicht, die Ehe sei das Heilmittel gegen Begierde. Das ist sie nicht. Er meint vielmehr, die Ehe sei die einzige legitimierte Beziehung für solche, die normale sexuelle Wünsche haben. Wenn Sie das von Gott gegebene sexuelle Verlangen verspüren, könnte Ihnen eine Betrachtung von Sprüche 5 Mut machen, in weiser und sorgfältiger Weise die Ehe mit einer gottesfürchtigen Frau zu erstreben. Überlegen Sie, ob eine Ehe wirklich Priorität in Ihrem Leben hat. Setzen Sie Karriere-Ziele oder andere Bestrebungen über einen von Gott gegebenen Ruf, eine Frau zu suchen und eine Familie zu gründen? Vielleicht ist es an der Zeit, Ihre Prioritäten neu zu ordnen und doch zu heiraten.

Zweitens werden einige unter den Lesern niemals heiraten, und die Betreffenden mögen im Augenblick so weit davon entfernt sein, dass es wenig hilfreich ist, sie jetzt dazu zu ermuntern. Wenn das auf Sie zutrifft, dann hat die Bibel etwas Besseres für Sie! In Epheser 5 erklärt Paulus das Wesen und den Zweck der Ehe. Gegen Ende seiner Belehrung fasst er alles Gesagte kurz zusammen: »Ich sage es aber in Bezug auf Christus und auf die

Versammlung« (Eph 5,32). Mit anderen Worten: Allem, was die Bibel über die Ehe sagt, liegt noch viel mehr zugrunde: Gott hat die Ehe nämlich letzten Endes gestiftet, um die Menschen auf das Evangelium Jesu Christi hinzuweisen. Ehemänner und ihre Frauen sind dazu da, die rettenden Absichten Christi für seine Braut zu veranschaulichen. Die Ehe ist ein Lichtstrahl, der auf Christi Liebe zu seiner Gemeinde hinweist. Oder: Die Ehe ist der Schatten, und die Wirklichkeit besteht in der Rettungsabsicht Jesu.

Damit ist gesagt, dass Sie auch angesichts berechtigter, gottgegebener sexueller Wünsche in keiner Weise *verpflichtet* sind zu heiraten. Die Ehe ist wunderbar, und sie ist wichtig. Aber der Hauptgrund, weshalb Gott die Ehe stiftete, besteht darin, dass sie für uns ein Bild von dem Evangelium Jesu sein soll. Wenn Sie das Ziel sehen und verstehen, brauchen Sie den Hinweis darauf nicht mehr. Wenn Sie die Wirklichkeit haben, ist der Schatten nicht mehr nötig.

Gott schuf die Ehe, um der Welt eine gewisse Vorstellung von dem Evangelium Jesu Christi zu vermitteln. Von Ehemännern wird erwartet, ihre Frauen so hingebungsvoll zu lieben, dass alle Menschen die Liebe Jesu daran erkennen können. Wenn Sie keine Frau haben, gehört Ihnen die Freiheit, Ihre Aufmerksamkeit und Kraft ausschließlich in Ihre Beziehung zu Christus und in seine Gemeinde zu investieren – ungefähr so, wie ein Mann seine Frau behandeln sollte. Sie als Single bekommen dann die Kraft, der Wirklichkeit zu dienen, ohne durch den Schatten abgelenkt zu werden. Sie können alle Ihre Kräfte in dem Maße zur Ausbreitung des Reiches Christi einsetzen, wie Sie sein großes Hochzeitsmahl erwarten (Offb 19,6-9).

Eine geeignete Vertrauensperson …

Eine letzte Anmerkung zum Kampf um Reinheit in Ihrer Ehe: Sicher haben Sie gemerkt, dass dieses Kapitel nichts davon sagt, Ihre Frau zu einer Vertrauensperson zu machen, der Sie Rechenschaft ablegen. Das geschah absichtlich. Ich meine nicht, dass Ihre Frau diese Rolle einnehmen sollte. Sie sollten Ihre Frau als Ihre Frau behandeln, so wie sie frei sein sollte, Sie als ihren Ehemann anzusehen. Es ist tödlich für eine Ehe, wenn die Frau zum Polizisten für die Aktivitäten ihres Mannes wird, ihn dauernd ausfragt und seine Internetbenutzung ausforscht. Ihre Frau braucht nur zu wissen, dass Sie eine Vertrauensperson haben, der Ihr Problem ein echtes Anliegen ist, der Sie Rechenschaft ablegen und die alles unternimmt, damit sie als Frau beruhigt sein kann, während sie all ihre Kräfte einbringt, um ihre Ehe mit Leben zu erfüllen. Deshalb liegt der Schwerpunkt dieses Kapitels darauf, Reinheit dadurch zu bewahren, dass Sie alles tun, damit Ihre Frau Ihre beste Gefährtin ist und Sie von Herzen liebt.

Ob Sie verheiratet sind oder nicht – *stets hat das Grundprinzip damit zu tun, Ihre seelischen und körperlichen Kräfte von der Pornografie wegzulenken und auf die Reinheit der Ehe bzw. auf den Retter zu richten, dessen Werk die Ehe versinnbildlicht.* Das ist harte Arbeit. Es ist nicht damit getan, einen Filter in Ihren Computer einzubauen. Der Grund, warum es so schwierig ist, liegt darin, dass niemals jemand sicher sein kann, ob Sie es tun oder nicht. Aber denken Sie daran: Jesus weiß es. Er sieht das Herz, die Motive und die Wahrheit hinter Ihren Aktionen. Und er ruft Sie, ihm zu vertrauen und seine Vergebung sowie seine verändernde Gnade in Anspruch zu nehmen, die Sie allein befähigt, auf diesem Gebiet siegreich zu sein.

Kämpfen Sie um Reinheit in der Kraft der Gnade

1. Inwieweit haben Sie sich schuldig gemacht, indem Sie den Versuchungen der verbotenen Frau aus Sprüche 5 erlegen sind? Wo haben Sie sich geweigert, den Aussagen der Bibel über deren Gefährlichkeit zu glauben? Bekennen Sie diese Sünden dem Herrn und lassen Sie sich ermutigen, an seine vergebende Gnade zu glauben.
2. Wenn Sie verheiratet sind, dann sollten Sie beachten, dass Sie Gottes umgestaltende Liebe brauchen, um Ihre Frau zu begehren. Sind Sie allein, so sollten Sie bedenken, dass Sie dieselbe Gnade benötigen, um Christus von ganzem Herzen zu dienen und ein Widerschein des Evangeliums zu werden, das Sie errettet hat und ans Ziel bringt. Beten Sie zu Gott und bitten Sie ihn um seine mächtige verändernde Gnade, die es Ihnen ermöglicht, ein neues Leben zu führen.
3. Beten Sie um all dies, wenn Sie mit Ihren Vertrauenspersonen zusammen sind. Seien Sie bestrebt, sich von ihnen ermutigen zu lassen. Beherzigen Sie ihren weisen Rat und seien Sie dankbar für ihre Gebete auf diesem Gebiet.
4. Wenden Sie Ihre Gedanken hin zu Gottes Wort. Wenn Sie als Mann verheiratet sind, verbringen Sie geraume Zeit mit dem Betrachten von Sprüche 31,10-31 und bitten Sie Gott um die Gnade, Ihnen zu helfen, Ihre eigene Frau wie die dort vorgestellte, gottgemäß lebende Frau zu begehren. Sind Sie allein, machen Sie dasselbe mit 1. Korinther 7,32-35.

KAPITEL 7

Nutzen Sie Demut im Kampf gegen Pornografie

Bisher habe ich in den berichteten Geschichten nicht die wirklichen Namen verwendet. Dieses Kapitel möchte ich jedoch mit der Geschichte eines Mannes beginnen, dessen Identität ich nicht verschweigen will. Er wurde Diotrephes genannt und lebte im 1. Jahrhundert. Ich kann mir denken, dass Sie aufgrund eines solchen Namens sich fragen, was seine Eltern gegen Namen hatten, die damals offensichtlich viel stärker verbreitet waren. Aber – so hässlich sein Name auch klingt – es gibt weit Schlimmeres über diesen Kerl zu berichten.

Diotrephes war ein ziemlich übler Bursche.

Diotrephes war ein bekennender Christ aus der Anfangszeit der christlichen Gemeinde, doch von den Lehren der Apostel hielt er nicht viel. Er verbreitete üble Nachreden über deren Dienst. Er weigerte sich, neue Christen in seiner Gemeinde zu empfangen, und wenn andere Christen diese neuen Gläubigen aufnehmen wollten, versuchte Diotrephes, sie aus der Gemeinde zu stoßen.

Wir erfahren etwas über Diotrephes, wenn wir den dritten Brief des Apostels Johannes lesen. Als Zusammenfassung all der schlechten Taten des Diotrephes sagt Johannes, dass er »gern … der Erste sein will« (3Jo 9). Das ist eine erstaunlich nüchterne Einschätzung eines solchen Mannes. Diotrephes hasste den Apostel. Er wollte keine neuen Christen aufnehmen. Er bestrafte solche, die seinem Rat nicht folgen wollten, nur weil er von sich selbst eingenommen war und der Erste sein wollte. Ihm ging es um Kontrolle und Macht, und dabei fehlte es ihm an Selbsterkenntnis. Solche Überheblichkeit kann eine Menge von Sünden hervorbringen.

Warum erwähne ich Diotrephes? Als Pastor, Professor und Seelsorger spreche ich mit zahllosen Menschen, die mit sexueller Unmoral zu kämpfen haben. Wenn auch vieles an diesen Kämpfen gleich aussieht, so ist doch jeder Fall aufgrund der Einzelheiten einzigartig. Da gibt es unterschiedliche Familien, unterschiedliche Stärken und Schwächen und sogar unterschiedliche Gründe, Pornografie anzusehen. Aber trotz all dieser Unterschiede haben die Betreffenden eines gemeinsam: Wie Diotrephes *möchten sie gern der Erste sein.*

Nur arrogante Männer sehen sich Pornografie an

Das ist der Punkt, um den es mir in diesem Kapitel geht: *Wenn Sie Pornografie anschauen, sind Sie arrogant.* Erscheint Ihnen das zu hart ausgedrückt? Anfänglich mögen Sie denken, ich sei verrückt, so etwas zu sagen. Immerhin fühlen Sie sich schlecht, wenn Sie Pornografie ansehen, oder traurig oder ertappt. Was Sie da machen, sieht gar nicht nach Stolz und Arroganz aus, aber ich möchte Ihnen helfen zu verstehen, dass die Wurzel dessen, was Sie da tun, der Arroganz entsprungen ist. Betrachten Sie dazu Jakobus 3,13-16:

> »Wer ist weise und verständig unter euch? Er zeige aus dem guten Wandel seine Werke in Sanftmut der Weisheit. Wenn ihr aber bitteren Neid und Streitsucht in euren Herzen habt, so rühmt euch nicht und lügt nicht gegen die Wahrheit. Dies ist nicht die Weisheit, die von oben herabkommt, sondern eine irdische, sinnliche, teuflische. Denn wo Neid und Streitsucht ist, da ist Zerrüttung und jede schlechte Tat.«

In diesem Abschnitt ermutigt Jakobus seine Leser, Weisheit zu zeigen, indem sie ein sanftmütiges Verhalten und Demut offenbaren. Gleichzeitig verbietet er ihnen, sich zu rühmen, wenn sie neidisch und streitsüchtig sind. Jakobus will, dass Christen ein solches Verhalten unterlassen, weil es der von ihm empfohlenen Demut widerspricht. Er sagt, dass Zerrüttung und jede schlechte Tat aus Neid und Streitsucht entspringen. Mit anderen Worten: Alles Schlechte, was Sie machen, entspringt einem arroganten Herzen, das alles nur um seiner selbst willen unternimmt. Wenn das Anschauen von Pornografie etwas Schlechtes ist (und das ist es), dann muss es aus einem Herzen kommen, das voller Neid, Streitsucht und Arroganz ist. Die Wahl ist sehr einfach: Sie können sich Pornografie ansehen, oder Sie können demütig sein. Beides zugleich geht nicht.

Meine Feststellung ist: Diesen Zusammenhang zu verstehen, kann im Kampf gegen Pornografie wahrhaftig revolutionierend wirken. Viele versuchen, Menschen mit Problemen auf diesem Gebiet zu helfen, indem sie Opfer aus ihnen machen. Vielleicht sehen Sie sich auch so – als Opfer Ihrer Erziehung und Ihrer Umstände, gefangen in einem Teufelskreis, aus dem Sie in Ihrer eigenen Kraft nicht entfliehen können. Während ich einerseits Brüder und Schwestern im Herrn schätze, die Betroffenen ehrlich helfen wollen, muss ich andererseits sagen, dass eine Lehre, die aus Tätern Opfer macht, einfach nicht wahr ist. Vielleicht wollen auch einige Sie überzeugen, Pornografie habe eigentlich mit Sex nichts zu tun, sondern entspringe einzig Ihrem erbärmlichen Elend, ganz allein zu sein. Die Verfechter dieser Auffassung möchten Sie glauben machen, tief in Ihrer Seele sei eine Art Wasserbecken, das voller Liebe sein sollte – nur Ihres sei leider leer. Sie argumentieren, dass Sie versuchen, in Ihrer Not dieses Wasserbecken mit Pornografie zu füllen. Es gibt Männer, die über der Pornografie zu Fall kommen, weil sie einsam sind, und auch solche, die sich ungeliebt vorkommen, aber wenn jemand einsam ist oder nicht geliebt wird, führt das nicht *zwangsläufig* dazu, dass man sich unmoralische Bilder ansehen muss. Es gibt viele Männer, die Pornografie anschauen und nicht allein sind, und es gibt viele, die einsam sind und doch nicht Pornografie ansehen.

Männer konsumieren Pornografie wegen des arroganten Verlangens, Frauen auf eine Weise zu betrachten, die Gott verboten hat. Sie lassen eine arrogante Missachtung der göttlichen Anordnungen erkennen, indem sie die Freuden sexueller Intimität in der Ehe verwerfen und sich für etwas entscheiden, was sie für besser halten – unbekleidete Frauen in Pornos zu betrachten. Sie missachten in arroganter Weise die göttliche Berufung zu selbstloser ehelicher Liebe. Sie zeigen eine arrogante Geringschätzung für die weiblichen Akteure, während sie versuchen sollten, diese als Frauen zu respektieren, die das Evangelium von der Rettung durch Jesus unbedingt hören müssen. In ihrer Arroganz verachten sie ihre eigenen Kinder, indem sie ihre Sünde vor ihnen verbergen und dem Feind erlauben, in ihre Häuser und Ehen einzudringen. Sie beweisen eine arrogante Respektlosigkeit gegenüber allen, die schockiert wären, sobald diese Sünde bekannt werden würde. Das Grundproblem bei Männern, die Pornografie konsumieren, ist nicht ihre Bedürftigkeit – es ist ihre Arroganz.

Ich weiß sehr wohl, dass dies keine beliebte Botschaft ist, und ich will sie Ihnen nicht überstülpen. Mir geht es vielmehr darum, dass alle frei werden, die von sündiger Begierde versklavt worden sind. Aber unsere Kultur missversteht das wirkliche Problem hinter der Pornografie-Sucht und bietet falsche Lösungen an. In diesem Buch geht es eigentlich nur darum aufzuzeigen, dass Gott Sie mit seiner mächtigen vergebenden und verändernden Gnade ausrüsten will. Sie können seine verändernde Gnade haben, doch zunächst müssen Sie begreifen, wo das *eigentliche* Problem bei Ihnen liegt. Wenn Sie Ihr Problem nicht erkennen und meinen, es ginge dabei einfach nur um das Ausfüllen Ihrer inneren Leere oder um die Erfüllung Ihrer Bedürfnisse, dann werden Sie nie die Fülle der verändernden Kraft Gottes erleben. Nur wenn Sie wirklich verstehen, dass einzig selbstsüchtige Begierde die Wurzel Ihrer sexuellen Sünde ist, wird in Ihrem Leben die volle Kraft der Gnade freigesetzt, die Sie verändern kann. Dieser Abschnitt aus dem Jakobusbrief ist tatsächlich gute Botschaft für alle, die mit Pornografie-Abhängigkeit zu kämpfen haben! Er zeigt in richtiger Weise das tiefe Verderben in Ihrem Herzen und macht klar, an welcher Stelle Sie Ihre Kräfte einsetzen müssen, wenn Sie um Gottes verändernde Gnade kämpfen wollen.

Von Selbstherrlichkeit zur Demut

Es ist unmöglich, Pornografie anzusehen und demütig zu sein. Weil das stimmt, liegt darin eine der Hauptwaffen gegen Pornografie. Wenn Sie sich darum bemühen, auf Demut als Herzenseinstellung Wert zu legen, werden Sie gleichzeitig die Wurzel der Arroganz und der selbstsüchtigen Begierde ausrotten, die es erlaubte, dass Pornografie Ihr Leben überwuchern konnte. Falls Sie wirklich von Pornografie frei werden wollen, müssen Sie wissen, wie man um ein demütiges Herz ringt. Sie müssen ein Leben lang darum bemüht sein, mit Jesu Hilfe immer demütiger zu werden, wobei Sie dieses Ziel wirklich erst erreichen, wenn Sie bei ihm sind. Doch wenn Sie diesen Kampf aufnehmen, gilt es, drei Bereiche zu bedenken, die Ihnen von Anfang an helfen werden:

1. Denken Sie an Ihre ERRETTUNG

Es gibt nichts, was die Demut mehr fördert, als wenn Sie an das denken, was Gott getan hat, um Sie von den Folgen Ihrer Sünden zu erretten. Die gesamte Bibel zeigt uns diese Wahrheit. Wir wollen hier nur einen Abschnitt betrachten:

> »Denn einst waren auch wir unverständig, ungehorsam, irregehend, dienten mancherlei Begierden und Vergnügungen,

führten unser Leben in Bosheit und Neid, verhasst und einander hassend. Als aber die Güte und die Menschenliebe unseres Heiland-Gottes erschien, errettete er uns, nicht aus Werken, die, in Gerechtigkeit vollbracht, wir getan hatten, sondern nach seiner Barmherzigkeit durch die Waschung der Wiedergeburt und die Erneuerung des Heiligen Geistes, den er reichlich über uns ausgegossen hat durch Jesus Christus, unseren Heiland, damit wir, gerechtfertigt durch seine Gnade, Erben würden nach der Hoffnung des ewigen Lebens« (Tit 3,3-7).

Dieser Abschnitt erinnert uns an die *Barmherzigkeit* Gottes und beginnt damit, auf das zu blicken, was wir waren, bevor wir Christen wurden. Wenn Paulus sagt, wir waren unverständig und ungehorsam, dann sagt er, dass sowohl unsere geheimsten Gedanken als auch unser äußeres Verhalten Gott missfielen. Als wir verführt und den Begierden sowie Vergnügungen verfallen waren, bedeutete das, dass wir fern von Gott und an alle möglichen erschaffenen Dinge gebunden waren, indem wir deren Interessen und nicht Gott dienten. Paulus sagt auch, wir hätten, bevor wir Christus kennenlernten, in Bosheit und Neid gelebt. Bosheit bedeutet, dass man anderen etwas Schlechtes wünscht, und Neid bedeutet, dass man sich selbst das Gute des Nächsten wünscht. Schließlich beschreibt Paulus den Zustand vor der Bekehrung so: Wir wurden von anderen gehasst und hassten unsererseits die anderen. Mit anderen Worten: Bevor wir zu Christus gehören, ist unser Zustand nur von einem schrecklichen Durcheinander gekennzeichnet.

Aber Paulus lässt es nicht dabei bewenden. Außer der Erinnerung daran, was wir waren, bevor wir Christus kennenlernten, stellt er uns vor, was Gott unternommen hat, um uns zu retten. Gottes Freundlichkeit, Liebe und Barmherzigkeit erschien uns in Christus, um uns zu retten – losgelöst von irgendwelchen »guten Werken« unsererseits. Paulus stellt glasklar heraus, dass wir nicht wegen einer guten Tat unsererseits errettet wurden. *Wir hatten nämlich gar keine guten Taten vollbracht.* Wir waren unverständig, ungehorsam und an unsere Sünden versklavt. Da gab es einfach nichts Gutes; jede Hoffnung, je etwas Gutes tun zu können, war dahin! Daraus wird klar, dass unsere Errettung nichts ist, was Gott uns schuldig wäre. Auch war er uns gegenüber nicht verpflichtet, sie uns zu gewähren. Wir hatten sie in keiner Weise verdient.

Wenn Sie wirklich die Abgründe Ihrer Sündhaftigkeit und die Tatsache begreifen würden, wie wenig Sie Gottes Barmherzigkeit verdienen, würden Sie anfangen, sich darüber zu wundern, warum Gott sich jemals darum kümmerte, solche scheußlichen, bösen und rebellischen Leute wie Sie und mich zu retten. Die Antwort lautet: Weil er gut ist. Er ist freundlich. Er ist barmherzig. Er rettet uns, um sich als Gott der Barmherzigkeit zu offenbaren. Er weiß, dass ein rebellischer Mensch mit einem heiligen Gott nur versöhnt werden kann, wenn die richtige Art der Beziehung wiederhergestellt wird – eine, in der wir in demütiger Abhängigkeit von unserem Schöpfer leben. Das beginnt mit unserer Errettung, durch die Gott uns zeigte, dass er uns ohne unser Zutun erlöst hat. Unser Heil hängt einzig von ihm ab.

Die von Gott empfangene Errettung wird in weiteren Einzelheiten beschrieben, wenn Paulus sagt, dass die Waschung und Erneuerung durch den Heiligen Geist dazugehört. Gott gab uns seinen Geist, um die vergebende (die reinigende) und die verändernde (die erneuernde) Gnade wirksam werden zu lassen.

Denken Sie als Kind Gottes an Ihre Errettung und werden Sie demütig! Sie waren ein verdorbener und erbärmlicher Sünder. Ihr Leben war von Rebellion und Hass gekennzeichnet. Sie waren verloren und völlig außerstande, sich selbst zu retten. In Ihrem elenden Zustand erschien die Güte und Menschenliebe Gottes in der Person Jesu Christi, um Sie zu retten. Diese Errettung geschah, ohne dass Sie irgendetwas Gutes getan hätten – einfach nur, weil Gott uns liebt und weil er freundlich und barmherzig ist. Er brauchte Sie nicht zu retten. Sie haben nichts beigetragen, wodurch Sie das verdient hätten. Und es wäre vollkommen gerecht für Gott, Sie in Ihren Sünden zu belassen und Sie für alle Ewigkeit zu verdammen.

Doch er tat es nicht.

Das ist die Gute Nachricht, die Sünder befreit. Es sollte Sie demütig machen, wenn Sie begreifen, dass jemand wie Sie angesichts seiner Gottlosigkeit und Rebellion der Empfänger einer solchen bewundernswürdigen Liebe und unverdienten Barmherzigkeit wurde.

2. Bedenken Sie Ihre SÜNDE

Paulus zeigt Ihnen in diesem Abschnitt aus dem Titusbrief, dass es unmöglich ist, an Ihre Errettung zu denken, ohne dass Ihnen auch Ihre Sünden einfallen. Wenn man wirklich wagt, auf die eigenen Sünden zu blicken, kann man die Bedeutung unserer Errettung viel besser ermessen. Und das wirkt sich positiv auf unser Streben nach Demut aus.

Ich hatte Tim monatelang wegen seines Kampfes gegen die Pornografie seelsorgerlich betreut. Alles sah gut für ihn aus. Seit wir unsere gemeinsamen Sitzungen hatten, war er von einem Pornografie-Dauerkonsumenten zu jemandem geworden, der nie mehr danach schaute. Er hatte sich mit seiner Frau Beth ausgesöhnt, und beide waren auf diesem Gebiet ihrer Ehe völlig wiederhergestellt. Tim lernte, wie man begehrliche Gedanken bekämpfen konnte, wenn sie ihn beschlichen, und ging gegen Versuchungen vor, sobald sie auftraten.

Trotzdem war ich besorgt.

Es gab Anzeichen für Gottes verändernde Gnade in Tims Leben, aber irgendetwas war nicht in Ordnung. Zunächst einmal hatte er sich eine zu kritische Haltung Beth gegenüber angewöhnt. Während der Zeiten, die wir gemeinsam verbrachten, hatte ich beobachtet, dass er sehr kleinlich mit ihr umging. Und ich wusste aus ihren Unterhaltungen, dass sich sein kritischer Geist noch deutlicher zeigte, wenn ich nicht anwesend war. Es war nahezu unmöglich, Tim dazu zu bewegen, ein Fehlverhalten in seiner Ehe einzugestehen. Andererseits ging es ihm sehr darum, Beths Fehler als Sünden zu brandmarken. Außerdem hatte er sich angewöhnt, sehr streng zu den Kindern zu sein. Auch wurde er immer kritischer in der Beurteilung anderer Menschen. Einige waren jahrelang seine Freunde gewesen. Tim war einfach arrogant.

Er benahm sich wie zahlreiche andere, die ich in der Seelsorge beraten habe, und ganz am Anfang meines Dienstes hat mich dieses Verhalten sehr verwundert. Regelmäßig stellte ich fest, dass Menschen, die offensichtlich Fortschritte in ihrem Kampf um Befreiung von der Pornografie machten, auf anderen Lebensgebieten beachtliche Anzeichen von Arroganz zeigten. Inzwischen weiß ich, dass dieses Problem so oft auftritt, dass ich es schon bei den von mir beratenen Männern erwarte, wenn sie mit dem Kampf gegen die Pornografie beginnen. Dafür gibt es unterschiedliche Gründe. Und sie wirken sich bei den Einzelnen unterschiedlich aus. Aber ich habe einen gemeinsamen Zug bei allen festgestellt, die mit der Arroganz zu kämpfen haben: *Männer, die mit Pornografie zu kämpfen haben, betrachten diese oft als ihre einzige Sünde.*

Männer, die sich mit Pornografie herumschlagen, sind völlig überwältigt von dem Ausmaß, in dem dieser Kampf alle Bereiche ihres Lebens beherrscht. Es kommt ihnen vor, als hätten sie es *die ganze Zeit über* nur noch damit zu tun – sei es, wenn sie allein zu Hause oder allein in ihrem Büro oder verreist sind. Wie ein nicht abzuschüttelnder Schatten scheint die Pornografie allgegenwärtig zu sein. Und wenn solchen Männern bewusst wird, dass sie Sünder sind, fällt ihnen sofort ihr Kampf gegen die Pornografie ein. Die Pornografie ist eine Realität, die alles derart beherrscht, dass sie die Wahrnehmung anderer Sünden verdrängt. So war es bestimmt auch bei Tim. Bat man ihn, über Sünde in seinem Leben nachzudenken, drehten sich seine Gedanken ausschließlich um das Verlangen, Pornografie anzuschauen. Wenn ein Mensch als einzige Sünde in seinem Leben die Pornografie wahrnimmt, geschieht etwas erstaunlich Finsteres, sobald er anfängt, Siege über diese Sünde zu erringen: *Er glaubt, seine Sünde sei von ihm gewichen.* »Keine Pornografie mehr« bedeutet für ihn dann, er habe überhaupt keine Sünde mehr in seinem Leben. Niemals hat das ein Mensch tatsächlich so ausgesprochen, aber ich habe viele gesehen, die das auslebten.

Wenn Sie die Wurzel der Pornografie mit der Axt der Demut ausrotten wollen, müssen Sie an die übrigen Sünden in Ihrem Leben ebenfalls denken. Sie sind auf mehr als eine Weise sündig, und Sie haben neben dem Verlangen nach pornografischen Bildern noch weitere Probleme. Es wäre gut für Ihre Seele und für Ihr geistliches Wachstum, neben der Sünde, weshalb Sie dieses Buch lesen, auch die anderen Missstände in Ihrem Glaubensleben wahrzunehmen. Aber es ist demütigend, noch weitere Sünden in Betracht zu ziehen, für die Sie die vergebende und die verändernde Gnade Jesu nötig haben. Kann man sich auf Ihre Freundschaft in jedem Fall verlassen, oder gibt es da Defizite? Sind Sie in Geldangelegenheiten unredlich gewesen? Mokieren Sie sich heimlich über die Entscheidungen der Ältesten Ihrer Gemeinde? Sind Sie grob zu Ihrer Frau oder Ihrer Freundin? Sind Sie träge im Gebet und im Bibellesen? Müssen Sie sich der Maßlosigkeit beim Essen bezichtigen? Haben Sie eine lässige Arbeitsmoral? All das und noch vieles mehr will Christus bei Ihnen verändern. Halten Sie fest an der Demut, die aus der ehrlichen Betrachtung all dieser vernachlässigten Lebensbereiche entspringt, und vertrauen Sie auf die verändernde Kraft Gottes.

3. Betrachten Sie Ihren DIENST

Wenn Sie Pornografie anschauen, sind Sie arrogant. Die Arroganz wird offensichtlich, wenn Sie bedenken, wie selbstsüchtig Sie Ihre Zeit vertun. Jede Sekunde, die Sie mit dem Anschauen von Pornografie verbringen, ist eine Sekunde, die Sie nicht im Dienst für andere verbringen können. Während Sie gierig die Bilder nackter Frauen verschlingen, können Sie keine Blumen für Ihre Frau kaufen, nicht den Rasen für einen kranken Nachbarn mähen, keinen Einkauf für alte Leute erledigen, nicht Ihren Eltern in Haus und Garten helfen, keine Arbeitskollegen zum Essen einladen, um ihnen vom Evangelium zu sagen, Ihren Kindern keine biblische Unterweisung geben, nicht nach dem Essen den Abwasch erledigen, kein Verstecken mit den Kindern spielen oder kein Gemeindeglied im Krankenhaus besuchen. Solche selbstverliebten Leute drängt Gott in Philipper 2,3-4: »[Tut] nichts aus Streitsucht oder eitlem Ruhm …, sondern in der Demut [achte] einer den anderen höher … als sich selbst; ein jeder nicht auf das Seine sehend, sondern ein jeder auch auf das der anderen.«

Paulus ist bekümmert über ein Treiben, das von selbstsüchtigen Motiven bestimmt ist. Es geht ihm darum, dass wir nicht von »eitlem Ruhm« angetrieben werden. Außerdem geht es ihm darum, dass wir nichts aus Arroganz, Hochmut oder Stolz tun. Paulus empfiehlt den Christen, diese selbstzerstörerischen Haltungen mit Demut zu bekämpfen, indem man andere höher achtet als sich selbst. Dabei zeigt Paulus auf, dass man das nur tun kann, wenn man den Blick radikal von den eigenen Interessen abwendet und auf die der anderen lenkt.

Hören Sie kurz auf zu lesen und bedenken Sie dies einen Augenblick! Haben Sie sich jemals darüber Gedanken gemacht, wie außerordentlich praktisch dieser Rat ist? Paulus sagt nicht einfach: »Seid demütig!« Er sagt uns auch, wie man Demut fördert – indem man die Interessen der anderen den seinen voranstellt.

Wenn der Wecker am Morgen geklingelt hat, beginnen Sie höchstwahrscheinlich, kurz zu überlegen, was Sie an diesem Tag zu erledigen haben: duschen, Stille Zeit einhalten, zur Arbeit oder zur Schule gehen, mit dem Chef reden, das Auto zur Inspektion bringen, kurz bei einem Freund hereinschauen, ein Projekt zu Ende bringen, nach Hause kommen und Abendbrot essen, den Rasen mähen und einiges am Computer erledigen. Unser Leben ist voll besetzt mit Dingen, die wir tun *müssen*. Unsere To-do-Liste benötigt alle zur Verfügung stehende Zeit, und wir können schon in Schwierigkeiten geraten, wenn uns ein Freund anruft und eine Frage stellt, deren Beantwortung einige Zeit in Anspruch nimmt. Möglicherweise bitten auch die betagten Eltern einen darum, etwas am Haus zu erledigen, oder eine Kinderfrage stört unsere Konzentration. Wir sind ganz und gar auf unsere Interessen fokussiert.

Mitten in diese Vielzahl von Aktivitäten hinein ermahnt uns Paulus in sehr praktischer Weise, wir sollten nicht ausschließlich auf unsere Interessen achten, sondern auch auf die der anderen. Denken Sie nicht nur an Ihre eigene To-do-Liste, als käme es einzig auf sie an. Gott will, dass wir uns auch um andere Menschen kümmern. Was können Sie zum Beispiel von den Pflichten Ihrer Frau übernehmen? Haben Ihre Eltern auf einem Gebiet Schwierigkeiten, auf dem Sie ihnen helfen können? Steht ein Kollege unter besonderem Druck und braucht Ihre Mithilfe, auch wenn es nicht in Ihrer Dienstanweisung steht? Dürfte sich ein Freund Ihr Auto leihen, weil sein eigenes in der Werkstatt steht, obwohl Sie ebenfalls gern da- oder dorthin fahren möchten?

Den anderen zu dienen, ist Teil des täglichen Lebens eines jeden Christen, aber es ist besonders wichtig für Männer, die gewohnheitsmäßig Pornografie anschauen. Pornografie anzuschauen, beeinträchtigt nicht nur Ihr eigenes Leben. Auch bei dieser Sünde gibt es Opfer, weil man, anstatt anderen zu dienen, den Betreffenden Schaden zufügt. Anstatt Ihrer Frau (oder

der zukünftigen) zu dienen, zerstören Sie die Reinheit und Unantastbarkeit dieser Beziehung. Anstatt diejenigen zu lieben, die Sie lieben, häufen Sie ihnen Kummer für die Zeit auf, wenn sie erfahren, was Sie im Geheimen getrieben haben. Zum Gegenmittel gegen diese Selbstsucht gehört mehr, als nur Pornografie aufzugeben. Wahre Buße bedeutet, Pornografie durch etwas anderes zu ersetzen – etwas, wodurch Gott geehrt und Liebe zu anderen deutlich wird. Sie müssen demütig anfangen, auf die Interessen der anderen zu achten und Wege zu suchen, ihnen zu dienen.

Demut erfordert Gnade

Wir werden nicht völlig demütig werden, bevor wir nicht Jesus von Angesicht zu Angesicht sehen. Demütig zu sein, ist nicht einfach. Wie Diotrephes wollen auch wir gern die Ersten sein. Der Wunsch, der Erste zu sein, ist die Wurzel der uns innewohnenden Sünde. Wie Jakobus uns erinnert, kommen alle bösen Handlungen aus einem selbstsüchtigen und neidischen Herzen. Das bedeutet, dass alle unsere Kämpfe gegen die Sünde eigentlich Kämpfe gegen unser arrogantes Herz sind. Dieser Grundsatz gilt für Pornografie genauso wie für jede andere Sünde. Woher können wir die Kraft und die Motivation nehmen, gegen einen Feind einen Krieg zu führen, der so tief in unserem Herzen verwurzelt ist?

Die Verheißung, zu der wir immer wieder zurückkehren, ist das Evangelium – die Botschaft, dass Gott uns seine vergebende und verändernde Gnade schenkt, die uns zu neuen Menschen macht. Gott gibt uns die Kraft, rein zu werden von unserer Einbildung und Arroganz, wenn wir unsere Sünde bekennen, ihn um Vergebung bitten und glauben, dass er uns vergeben und von ihr gereinigt hat. Gott verleiht uns die Kraft zum Gehorsam. Wir können das Blut Jesu in Anspruch nehmen, und der Herr wird unsere Bemühungen stärken, demütig zu werden. Durch Glauben empfangen wir die Kraft, die Gott schenkt. Durch sie werden wir vom Geist des Diotrephes frei, der gern der Erste sein wollte. Und wir werden mit dem Geist Christi erfüllt, der versprochen hat, dass die Ersten die Letzten und die Letzten die Ersten sein werden.

Kämpfen Sie um Reinheit in der Kraft der Gnade

1. Nehmen Sie in Ihrem Leben Bereiche wahr, die Sie durch Arroganz zur Pornografie bringen? Sind Sie überführt, dass es sich dabei um Arroganz handelt? Bitten Sie den Herrn um Vergebung und streben Sie nach seiner Kraft, um in Demut zu wachsen.
2. Verbringen Sie Zeit im Gebet über Titus 3,1-7 und bitten Sie den Herrn, Ihnen die Augen für das Rettungswerk zu öffnen, das er in Ihrem Leben vollbracht hat. Bitten Sie um einen demütigen Geist in Anbetracht Ihrer Sünde und seiner Barmherzigkeit Ihnen gegenüber.
3. Stellen Sie eine Liste Ihrer Sünden außerhalb der Pornografie auf, an deren Überwindung Sie in Ihrem Leben arbeiten müssen. Sprechen Sie darüber mit Ihrer Vertrauensperson, mit Ihrer Frau, Ihren Eltern oder mit anderen und bitten Sie diese, Ihnen zu helfen, sündiges Verhalten in Ihrem Leben zu erkennen, das außerhalb des Ringens um sexuelle Reinheit liegt. Nehmen Sie sich Zeit, Gottes Gnade zur Vergebung und Veränderung auf diesen Gebieten zu suchen. Arbeiten Sie mit Ihrer Vertrauensperson daran, einen Plan zu entwickeln, wie Sie auf diesen Gebieten vorankommen können.
4. Denken Sie darüber nach, wie Sie anfangen können, anderen in Ihrer Einflusssphäre zu dienen, und erstellen Sie eine Liste für solche Aktivitäten. Außer für die Planung von Tätigkeiten soll-

ten Sie diese Liste benutzen, wenn Sie versucht werden, damit Sie immer etwas Praktisches tun können, statt sich dem selbstsüchtigen Begehren hinzugeben, Pornografie anzuschauen. Suchen Sie Gottes Gnade, damit er Ihnen vergibt und Sie stärkt, wenn Sie keine Lust zum Dienen empfinden.

KAPITEL 8

Nutzen Sie Dankbarkeit im Kampf gegen Pornografie

Dustin hatte sich verändert, seit er sich das erste Mal mit mir traf, und der Herr hatte angefangen, ihn von seiner Sucht nach Pornografie zu befreien, die sein Leben bisher völlig beherrschte. Früher war Dustin so von seiner Sünde gefangen, dass er sich nicht vorstellen konnte, auch nur einen Tag vorübergehen zu lassen, ohne wenigstens mehrere Stunden Pornografie angeschaut zu haben. Diese lebensbeherrschende Sünde führte zu allen möglichen Schwierigkeiten in seinem Leben. Weil er so oft fehlte, hätte er beinahe seine Arbeit verloren. Hätte es sich nämlich herausgestellt, dass er die Zeit mit dem Anschauen von Pornografie zugebracht hatte und nicht wirklich krank war (wie er vorgab), hätte sein Chef ihn mit Sicherheit entlassen. Dustin hatte auch Schwierigkeiten mit seiner Frau, die von seinem Problem wusste, aber an ihm hing und ihm helfen wollte, ohne allerdings Erfolg zu haben, sodass sie bald ganz verzweifelte. Sie war überzeugt, dass sich die Dinge nie wieder bessern würden. Außerdem war Dustin fast dauernd depressiv und fühlte sich von seiner Frau, den Freunden und – was noch schlimmer war – vom Herrn unverstanden. War er nicht depressiv, fühlte er sich wie betäubt. Das Leben schien jeden Sinn, jede wirkliche Freude oder Zielstrebigkeit verloren zu haben.

Doch nun hatten sich die Dinge verändert. Dustin hatte bereits ein Jahr lang keine Pornografie mehr angeschaut. Seine Beziehung zu dem Herrn festigte sich, und er erfreute sich eines vertrauteren Umgangs mit Christus, als er ihn jemals zuvor gekannt hatte. Er hatte sich mit seiner Frau ausgesöhnt, und sie erlebten mehr Freude in ihrer Ehe als je zuvor. Der Kampf um Reinheit war nicht einfach gewesen. Da hatte es manche Niederlagen und viele Kämpfe auf dem Weg gegeben, aber es war nicht zu leugnen, dass die von Gott bewirkte Veränderung sehr solide war.

Eines Nachmittags unterhielt sich Dustin mit mir darüber, wie freundlich der Herr gewesen war, als er ihn verändert hatte. Ich bat ihn, mir zu sagen, was der wichtigste Meilenstein auf der Reise in die Freiheit gewesen sei. Er nannte zwei Dinge. Das Wichtigste, so sagte er, war die Erkenntnis, wie er näher zu Jesus kommen konnte. (Darüber wollen wir im nächsten Kapitel sprechen.) Das erschien ihm auch nicht sehr verwunderlich, weil er wusste, dass er sich von Christus entfernt hatte, und darum musste er wieder näher zu ihm kommen. Aber als zweiten Meilenstein nannte er etwas, was er sich zuvor kaum hätte vorstellen können. Dustin war überrascht gewesen, als er entdeckte, dass eines der wichtigsten Wachstumsfelder auf der Straße zur Freiheit für ihn darin lag, *Dankbarkeit* zu lernen.

Die Bedeutung der Dankbarkeit im Kampf um Befreiung

Im Brief des Paulus an die Epheser zeigt Gott uns, wie mächtig ein Geist der Dankbarkeit als Waffe im Kampf gegen die Pornografie sein kann (Eph 5,3-4; Hervorhebung durch den Autor):

> »Hurerei aber und alle Unreinheit oder Habsucht werde nicht einmal unter euch genannt, wie es Heiligen geziemt; auch Schändlichkeit und albernes Geschwätz oder Witzelei, die sich nicht geziemen, *sondern vielmehr Danksagung.*«

In diesem Abschnitt erkennen wir, dass Gott jede Art von Unreinheit verbietet. Wir sollen in Taten und Gedanken widerspiegeln, dass wir als Gottes Volk heilig und für ihn abgesondert leben. Vorher haben wir bereits gesehen, dass Gott unreines Reden verboten hat, um schamloses Gerede, albernes Geschwätz und gemeine Witze zu unterbinden. Gott will von seinen Leuten Reinheit in allem, was sie sagen. Auch wenn wir über Sexualität und über unsere Kämpfe um sexuelle Reinheit reden, müssen wir es so versuchen, dass wir andere Menschen respektieren und Gott die Ehre geben.

Aber unreines Reden ist nicht die einzige Art von Unmoral, die Gott verbietet. Er untersagt ebenso alle Arten sexueller Unmoral. Außer der Reinheit der Sprache legt er auf drei weitere Punkte besonderen Wert:

Erstens verbietet Gott alle Handlungen, die offensichtlich sexuell unmoralisch sind. Ja, er sagt, dass alle, die nach Reinheit streben, nicht die geringste Spur von sexueller Unmoral in ihrem Leben dulden. Ehebruch, Hurerei und das Anschauen von Pornografie sind Beispiele für das, was hier verboten ist.

Zweitens verbietet Gott jede Art von Unreinheit. Er verschärft sogar seine vorherigen Gebote, sexuelle Unreinheit zu meiden. Dieser Befehl ist besonders bedeutsam für solche, die gern die Grenzen der Reinheit so weit wie möglich ausdehnen möchten. Heutzutage behaupten einige, man habe sich überhaupt erst sexuell verunreinigt, wenn man Geschlechtsverkehr gehabt hat. Ich habe tatsächlich mit vielen jungen Männern und Frauen gesprochen, die auf die Frage nach ihrer Reinheit mit Aussagen antworteten wie: »Natürlich hatten wir keinen *Sex*, aber …« Anstatt zu versuchen, Grenzen so weit wie möglich auszutesten (ohne sie zu überschreiten), sollten wir auf die Liebe zur Reinheit in *allen* Lebensbereichen Wert legen, nicht nur bei der sexuellen Reinheit. Alle, die gern die Grenzen erweitern und der Sünde so nahe wie möglich kommen möchten, fordert Gott zur Umkehr auf, damit sie sich in die entgegengesetzte Richtung bewegen: Es geht nämlich darum, dass man zu dieser Grenze einen möglichst großen Abstand hält!

Drittens verbietet Gott die Habsucht. Gott verschärft sein Gebot gegen sexuelle Unmoral, indem er jede Form von Unreinheit untersagt, und er verschärft diese beiden Gebote, indem er die Habsucht als solche verbietet. Die Verwendung des Wortes *Habsucht* mag in diesem Zusammenhang etwas verwirrend erscheinen, wenn man darunter nur das Streben nach Geld versteht. Aber nicht nur derjenige, der mehr Geld besitzen will, ist von der alles durchdringenden Habsucht beherrscht. Habsucht hat mit Gier zu tun, mit allem sündhaften und bösen Begehren. Man kann nach allem gierig sein, nach Geld, Nahrung, Macht oder – wie Paulus hier in dem Ephesertext anmerkt – eben auch nach Sex. Indem er von Habsucht spricht, verstärkt er die beiden anderen Befehle, sexuelle Unmoral und Unreinheit zu meiden, weil Gott mit dem Verbot der Habsucht die Herzen jener Menschen direkt anspricht, die all diese unmoralischen und unreinen Verhaltensweisen praktizieren. Wir sollen nicht nur sexuell unmoralisches Verhalten meiden, sondern auch nach einem Herzen trachten, das nicht mehr nach dieser Sünde giert. Jesus lehrt das Gleiche, wenn er sagt, dass die Sünde des Ehebruchs mit dem Begehren, mit der Habsucht im Herzen des Menschen anfängt (Mt 5,27-28).

Aus Epheser 5 entnehmen wir, dass Gott jede Art sexueller Unmoral verbietet. Er verbietet sexuell unmoralisches Reden, sexuell unmoralische Handlungen, das unreine Verhalten, das die Grenzen bis zu Tatsünden ausdehnt, und die Herzensgesinnung der Habsucht, die danach giert, derartige Handlungen nur allzu gern auszuführen. Aber Gott *verbietet* in diesem Abschnitt nicht nur, er *empfiehlt* uns auch etwas. Gott sagt, die Gesinnung der Unmoral sollte durch etwas anderes ersetzt werden. Und dieses andere ist die Dankbarkeit.

Schieben Sie das nicht beiseite! Denken Sie über diese Vorstellung nach und lassen Sie diese einige Zeit auf Ihr Herz wirken. Es könnte eine Schlüsselstrategie sein, die Gott benutzen möchte, um Sie von der Bindung an die Pornografie frei zu machen. In dem Ephesertext drängt Gott die Christen, sexuelle Unmoral durch etwas anderes zu ersetzen. Er hätte den Apostel Paulus inspirieren können, in seinem Brief zu schreiben: »... sondern vielmehr *Liebe*« oder »... *Barmherzigkeit*« oder »... *Selbstbeherrschung*« oder »... *Freude*«. Aber statt all dieser wunderbaren Dinge wollte Gott, dass Paulus die Christen auffordert, Unmoral durch *Dankbarkeit* zu ersetzen. Das bedeutet, dass wir darüber nachdenken müssen, warum die Dankbarkeit in Gottes Augen so wichtig ist im Kampf gegen sexuell unmoralische Handlungen wie die Pornografie.

Das Gegenteil von Dankbarkeit ist Gier und Habsucht

Paulus will die Christen dahin bringen, dass sie im Kampf gegen Unreinheit um Dankbarkeit ringen, weil die eigentliche Ursache für alle Unmoral und Unreinheit ein habsüchtiges Herz ist. Die Menschen sind immer dann unmoralisch und unrein, wenn sie nach unmoralischen und unreinen Dingen gieren. Sobald die nach Unmoral und Unreinheit gierende Herzensgesinnung verschwunden ist, finden auch die dazugehörigen bösen Handlungen nicht mehr statt. Paulus erkennt etwas Einzigartiges in der Dankbarkeit. Sie hat die Macht, die nach unseren Herzen greifende Gier und Lüsternheit zunichtezumachen. Wir können den Kontrast zwischen der Habsucht bzw. Gier und der Dankbarkeit besser verstehen, wenn wir deren Wesensarten gegenüberstellen.

Begierde und Lust wollen besitzen, was sie nicht haben. Natürlich ist es nicht notwendigerweise schlecht, wenn Sie etwas wünschen, was Sie nicht haben. Wenn Sie hungrig sind, ist es verständlich, dass Sie ein Butterbrot haben möchten. Und wenn Sie durstig sind, ist es in Ordnung, dass Sie nach Wasser verlangen. Wenn Sie müde sind, ist nichts daran auszusetzen, dass Sie sich nach einem erholsamen Schlaf sehnen. Gierige Lust aber pervertiert das Begehren – dadurch verändert sich entweder die *Intensität* oder die *Stoßrichtung* des Begehrens. Gier pervertiert die Intensität des Begehrens, wenn man von etwas Gutem zu viel haben will. Wenn Sie hungrig sind und Ihr Sandwich an der Theke so sehr verlangen, dass Sie gegenüber der Bedienung die Beherrschung verlieren, oder wenn Sie durstig sind und so viel trinken, dass für die anderen Durstigen nichts übrig bleibt, dann ist Ihr gutes Begehren in puncto Intensität pervertiert. Die Gier pervertiert ein Begehren, indem es die Stoßrichtung ändert, wenn Sie etwas begehren, was Sie nicht begehren dürften, oder wenn Sie Ihr Begehren auf unrechte Weise stillen. Sexuelles Begehren ist nicht sündig an sich, aber wenn Sie zu einer Frau sexuelle Beziehungen wünschen, mit der Sie nicht verheiratet sind, weist Ihr Begehren Sie in die falsche Richtung und wird zur Gier, zur Sünde.

Im Gegensatz dazu ist Dankbarkeit eine Herzenshaltung, die dem Herrn für alles dankt, was er gibt und was er vorenthält. Sie sind dankbar, wenn Sie sich freuen über alles, was Sie haben, und zufrieden damit sind. Dankbarkeit ist das Gegenteil von Gier, weil ein dankbares Herz aufgehört hat, hinter allem herzujagen, was es noch nicht hat. Stattdessen ist es überwältigt von der Wertschätzung all dessen, was es an guten Dingen bereits besitzt. Die Logik der Gier veranlasst den Betreffenden, unzufrieden zu sein mit dem, was er hat, und auf alles erpicht zu sein, was er nicht hat. Die Logik der Dankbarkeit bewegt Sie dazu, Ihr Augenmerk auf das bereits Empfangene zu richten und es dankbar anzunehmen. Dankbarkeit ist das Gegenteil von Gier und Habsucht.

Dies ist mehr als ein wahrer Grundsatz oder ein interessanter Gegensatz. Es stellt ebenso eine Strategie dar, die Sünde zu bekämpfen. Gott teilt uns nicht nur mit, dass Dankbarkeit und Gier Gegensätze sind. Er gebietet uns auch, mit der Gier aufzuhören und *anzufangen, dankbar zu werden.* In einem Krieg reicht es nicht, sich gegen einen Angreifer zu wehren. Am Ende müssen wir offensiv werden, um siegreich zu bleiben. Dankbarkeit ist die Offensivwaffe, mit der die feindlichen Festungen der Gier erobert werden, aus denen sich das Begehren nach Pornografie speist. Wenn Sie anfangen, Gier und Habsucht durch Dankbarkeit zu ersetzen, sind Sie nicht mehr weit von der Freiheit entfernt.

Wie man lernt, dankbar zu sein

Wenn Sie mit Pornografie zu kämpfen haben, ist es beinahe das Wichtigste für Sie, in der Dankbarkeit zu wachsen. Nur weil Sie vielleicht noch nie darüber nachgedacht haben, heißt das nicht, dass es falsch ist, was ich sage. Pornografie wird nur von undankbaren Leuten konsumiert. Wer nach Pornografie giert, will unbedingt dem entfliehen, was Gott ihm gegeben hat, und in einer Scheinwelt voller Dinge leben, die er nicht hat und nie haben wird. Wer sich auf Pornografie einlässt, tauscht Dankbarkeit gegen Gier ein. Pornografie verschachert die Freude an dem, was Gott Ihnen in seiner Gnade gegeben hat, für die Gier nach einer vorgetäuschten Welt, die er Ihnen nicht gab. Pornografie zu bekämpfen, erfordert die dankbare Berücksichtigung der guten göttlichen Gaben, die Sie schon bekommen haben.

Sie haben ein wunderbares und kostbares Leben aus Gottes guter Hand empfangen. Er hat Ihnen Dinge anvertraut, die er niemandem sonst schenkte. Sie gehören Ihnen und Ihnen allein für die wenigen kostbaren Augenblicke, die Ihr Leben bereichern. Jede Sekunde, in der Sie nach fremden Frauen in der Pornografie gieren, ist ein verlorenes kostbares Gut, das Sie von der freudigen Dankbarkeit für das wirkliche Leben abgehalten hat, welches Ihnen geschenkt wurde. Während Sie nach den Frauen in der Pornografie verlangen, die nicht die Ihren sind, versäumen Sie es, all die Dinge wahrzunehmen, die Ihnen *tatsächlich* gehören.

Der Herr hat Ihnen prächtige Freunde gegeben, die Sie lieben können, und eine Familie, für die Sie sorgen sollen. Jeder von uns kennt Leute, die ihn umsorgen. Seien es Freunde, Eltern, Kinder, Cousins oder geistliche Führer – zu allen stehen wir in Verbindung. Denken Sie einen Augenblick an diese Leute und werden Sie dankbar für sie. Vielleicht haben Sie wunderbare Eltern, die gut für Sie sorgten und Ihnen mit allen ihren Kräften beistanden. Es kann auch sein, dass Sie Kinder haben, deren Freude und Energie Ihr Leben mit Freude erfüllen. Ich bin mir ganz sicher, dass Sie einen besten Freund haben, mit dem Sie gern lachen – einen Freund, mit dem es Ihnen Freude macht, in guten und in bösen Tagen zusammen zu sein. Diese Beziehungen sind eine Gabe, und Sie sollten darüber nachdenken und dankbar für sie sein.

Sie sind verheiratet? Wenn ja, dann sollen Sie Ihre Frau lieben und wertschätzen, denn Gott hat sie Ihnen genau deshalb gegeben. Denken Sie einen Augenblick an Ihre Frau und seien Sie dankbar. Erinnern Sie sich an ihr Lachen und ihr Lächeln, stellen Sie sich ihren Körper vor, den Gott wunderbar geschaffen und Ihnen anvertraut hat, damit Sie sich daran erfreuen. Denken Sie an ihre Freunde und an alles, was sie an ihr bewundern. Erinnern Sie sich an die Hochzeitsnacht und sinnen Sie über die zarten Augenblicke nach, die Sie nur mit ihr allein verbracht haben. Selbst wenn Ihre Ehe schwierig ist, Gott hat Ihnen Ihre Frau als Gabe verliehen. Denken Sie darüber nach und werden Sie dankbar!

Welchen Dienst hat der Herr Ihnen gegeben? Er beruft alle seine Leute, ihre Gaben und Talente in seinen Dienst zu stellen – unabhängig davon, ob Sie für Ihren Dienst Geld bekommen. Welche Gabe hat er Ihnen zur Verwaltung übergeben? Welche Verantwortlichkeiten hat er auf Ihre Schultern gelegt? Denken Sie einen Augenblick darüber nach und seien Sie dankbar. Wann haben Sie Gott das letzte Mal für die Möglichkeiten gedankt, Ihre Gaben für ihn einsetzen zu können? Wann haben Sie Gott letztmalig für die Leute in Ihrer Einflusssphäre gedankt, die über die

Art Ihres Dienstes froh sind? Wann haben Sie Gott das letzte Mal für solche in Ihrem Umfeld gedankt, die Sie herausgefordert und korrigiert haben? Besinnen Sie sich darauf und werden Sie dankbar!

Alle, die an Christus glauben, stehen in einer Rettungsbeziehung zu dem Herrn. Wann haben Sie das letzte Mal über die große Liebe des Vaters nachgedacht, durch die er Sie erschaffen und errettet hat? Ihr Leib ist eine unschätzbare Gabe, die Gott selbst Ihnen verliehen hat. Ihre Erlösung wurde für Sie mit dem unendlich kostbaren Blut Christi erkauft. Als solche, die von Gott erschaffen und errettet wurden, haben wir Vergebung unserer Sünden und noch unendlich viel mehr empfangen! Wir erhalten die von Christus kommende Kraft, die uns umgestaltet, damit wir ihm ähnlich werden. Als solche, die in Christus zu Gott hin wachsen, erhalten wir das unsagbar große Vorrecht, seine Knechte genannt zu werden – ja, seine Freunde und sogar seine Kinder. Haben Sie in letzter Zeit einmal darüber nachgedacht, dass die rettende Liebe Gottes zu dem Sterben Christi führte, sodass wir Vergebung empfangen durften und – durch diesen atemberaubenden Liebeserweis – zu Söhnen Gottes gemacht wurden?

Jeder lüsterne Blick auf Pornografie ist eine versäumte Gelegenheit, für alles Gute in Ihrem Leben dem Herrn und anderen Menschen dankbar zu sein.

Aus Dankbarkeit entspringt ganz von selbst Freude

Bevor in Dustins Leben letztendlich eine wirkliche und gründliche Veränderung stattfand, hatte er viele Versuche unternommen, damit aufzuhören, Pornografie zu konsumieren. Doch endeten alle mit Enttäuschung und Versagen. Er hatte versucht, sich selbst etwas zu versprechen. Er versuchte, verantwortlich zu leben, und er versuchte, mit Gott zu handeln. Aber nichts davon hatte funktioniert. Immer, wenn er eins von alldem versucht hatte, fing er früher oder später wieder an, Sehnsucht nach Pornografie zu bekommen. Er wusste, dass es falsch war, hinter Pornografie her zu sein, aber es schien, als spielte das überhaupt keine Rolle. Sein Verlangen nach Pornografie war so übermächtig, dass er dann gewöhnlich nicht mehr danach fragte, was seine Frau, seine Freunde oder sogar Gott darüber dachten. Schließlich führte sein wildes Verlangen dazu, wieder verstärkt Pornografie zu konsumieren, und das führte zu unerträglichen Schuldgefühlen, sooft er der Sünde nachgegeben hatte.

Dass Dustins Versuche, sich zu ändern, scheiterten, hatte eine Reihe von Ursachen. Als Erstes fehlte ihm die Kraft, die denen zur Verfügung steht, die auf Gottes vergebende und verändernde Gnade vertrauen. Außerdem gab es in seinem Leben weder Frohsinn noch Freude. Dustins Ringen war ein elend freudloser Kampf gegen Pornografie, der beinahe ausschließlich in eigener Kraft geführt wurde. Sah er keine Pornografie, so war er unglücklich, weil er zu gerne hingesehen hätte, und wenn er nachgegeben hatte, war er darüber unglücklich, es getan zu haben. Der Reiz, nackte Frauen anzuschauen, schien im Moment der Versuchung den entsprechenden Blick wert zu sein, aber hinterher gab es nur noch Unglück, wenn er von seinem Gewissen angeklagt wurde und beständig in der Gefahr stand, ertappt zu werden.

An Pornografie gebundene Leute können dies nicht ändern, selbst wenn sie es wollen, weil sie fürchten, nichts außer Pornografie könne sie erfreuen. Dabei mögen sie wie Dustin genau wissen, dass ihr Problem eine Sünde ist, und sogar irgendwie glauben, Gott habe etwas Besseres für sie. Doch im Augenblick wählen sie dann doch wieder Pornografie, weil sie glauben, das bringe mehr Spaß, als wenn sie es nicht täten. Der Kampf, frei zu werden, ist der Kampf darum, eine tiefere Freude zu finden. Es gibt viele Strategien, zu dieser Freude zu gelangen. Der bedeutendsten gilt die Betrachtung im nächsten Kapitel: Man muss lernen, Gott mehr als alles andere zu lieben. Aber wie wir bereits gesehen haben, bietet uns die Bibel eine weitere wichtige Strategie an: die Dankbarkeit. Gier und Lust verderben die Freude, während Dankbarkeit Freude erzeugt.

Lüsternheit beraubt uns der Freude. Kaum hat man angefangen, etwas Empfangenes wertzuschätzen, beginnt sich das gierige Begehren nach der nächsten Sache umzuschauen. Das gierige Begehren überzeugt Sie, dass Sie diese nächste Sache unbedingt haben müssen. Die Behauptung besteht darin, dass Sie nicht froh werden würden, solange Sie diese nächste Sache nicht besäßen. Wenn sie aber – so das Versprechen – schließlich Ihnen gehören würde, fänden Sie dadurch endlich Ihr Glück. Das sind alles miteinander Lügen. Es ist das ureigenste Wesen der Begierde, immer hinter dem herzujagen, was man nicht hat. Die Begehrlichkeit garantiert Ihnen, dass in Ihnen ein neues gieriges Verlangen nach etwas anderem aufkommen wird, sobald Sie das Objekt Ihres Begehrens erhalten haben. Das erklärt, warum die Ehe kein Heilmittel gegen Lüsternheit und Masturbation ist, wie viele Singles es erwarten. Sobald der Mann eine Frau hat, beginnt er, das Nächste zu verlangen, was er nicht hat. Das ist der Teufelskreis der Lust. Sie hat niemals, was sie wünscht, weil sie immer noch mehr haben will. Die Begehrlichkeit oder die Lust stiehlt die Freude, indem sie einen endlosen Zustand der Unzufriedenheit erzeugt, weil sie beständig auf der Suche nach der nächsten Befriedigung ist, die man noch nicht hat. Lust ist niemals glücklich, weil sie niemals ausgefüllt ist.

Das trifft nicht auf die Dankbarkeit zu. Dankbarkeit entzündet die Freude und vervielfacht sie. Die Logik der Dankbarkeit besteht darin, dass sie für das, was sie hat, dankbar ist. Dagegen sehnt sich die Begierde nach dem, was sie nicht hat. Wenn Sie lernen, für alles dankbar zu sein, was Gott Ihnen gegeben hat (anstatt gierig nach dem zu verlangen, was er Ihnen verweigerte), dann wird diese Gesinnung Ihnen zur Freude verhelfen.

Dustin zum Beispiel war fanatisch darauf aus, seiner Lust zu frönen. Er musste sogar daran denken und verlangte danach, während er mit seiner Frau Sex hatte. Schließlich erkannte Dustin, dass seine unausgesetzte Hinwendung zur Pornografie in Gedanken und Taten einem fundamentalen Mangel an Dankbarkeit seiner Frau Lori gegenüber entsprang. Er konnte keine Freude an der Beziehung zu seiner Frau finden, weil er die Zeiten des Zusammenseins mit ihr nie richtig wertschätzte. Er war immer nur mit dem Verlangen nach den Frauen beschäftigt, die er sich beim Konsumieren von Pornografie anschaute. Doch als Dustin sich umgestalten ließ, lehrte ihn die göttliche Gnade, der Dankbarkeit für seine Frau neue Bereiche zu erschließen. Allmählich wurde er immer dankbarer für Loris Erscheinungsbild, für ihren Körper, für sie als Person. Als er sie wertzuschätzen begann, fing er auch an, sie mehr zu begehren als alles, was er *nicht* hatte. Wenn er dann mit seiner Frau zusammen war, entdeckte er, wie seine Freude wuchs, weil er dankbar dafür war, sie zu haben. Seine Freude verband sich nun mit seiner Dankbarkeit, weil er mit dem Menschen, den er begehrte, zusammen sein konnte. Das wiederum führte zu weiterer Freude und Dankbarkeit. Wie bei angelegtem Geld die Zinseszinsen das Kapital vergrößern, so wurde auch der innere Gewinn für Dustin größer. Bei ihm führte die Dankbarkeit zur Freude, und die Freude erzeugte vermehrte Dankbarkeit. Das wird Ihnen genauso ergehen.

Vielleicht sehnen Sie sich nach der Freude, die durch Dankbarkeit entsteht, und Sie möchten mit der Verzweiflung abschließen, die bei Gier und Lüsternheit unausweichlich ist. Aber dann blicken Sie auf Ihr Leben und entdecken nur wenig, wofür Sie dankbar sein könnten. Vielleicht fallen Ihnen alle möglichen enttäuschenden Erfahrungen in Ihrem Leben ein, und Sie fragen sich, weshalb Sie dankbar sein sollten. Denken Sie an 1. Thessalonicher 5,18: »Danksagt in allem, denn dies ist der Wille

Gottes in Christus Jesus für euch.« Dieser Vers lehrt uns, dass es immer darauf ankommt, dankbar zu sein, weil Gott uns allezeit freundlich gesinnt ist. Es ist der Wille Gottes für Sie, voller Dank zu sein – ganz unabhängig davon, wie es Ihnen geht.

Gott wird niemals etwas von Ihnen verlangen, wozu er Ihnen nicht in seiner Gnade die Kraft geben wird. Sie können seiner Macht vertrauen, Ihr Leben zu verändern. Wenn es Ihnen schwerfällt, dankbar zu sein, dann müssen Sie die Gnade Gottes ergreifen, durch die Ihnen Ihre sündhafte Undankbarkeit vergeben werden kann. Auch müssen Sie auf seine Gnade vertrauen, die Ihnen Kraft verleiht, der Gier zu entfliehen und stattdessen die Dankbarkeit in Anspruch zu nehmen. Und wenn Sie der Gnade Jesu vertrauen, dass sie dies tut, dann sind Sie der Freiheit näher, als Sie glauben.

Kämpfen Sie um Reinheit in der Kraft der Gnade

1. Begreifen Sie, dass Ihre Jagd auf Pornografie letztendlich der Ausdruck Ihrer Gier und des Mangels an Dankbarkeit ist? Wenn ja, dann bitten Sie Gott, er möge Ihnen Ihre Lüsternheit vergeben und Ihnen helfen, in der Gnade der Dankbarkeit zuzunehmen.
2. Blättern Sie zurück und lesen Sie noch einmal den Abschnitt »Wie man lernt, dankbar zu sein«. Erstellen Sie eine Liste mit Möglichkeiten, Dankbarkeit zu lernen, einschließlich Ihrer Beziehungen zu Mitmenschen. Erweitern Sie die Liste um die wunderbaren Möglichkeiten, die der Herr Ihnen gegeben hat, und um die Errettung, die Ihnen zuteilwurde. Suchen Sie mindestens 10 Dinge, für die Sie Gott und anderen danken können. Erwähnen Sie jetzt im Gebet alle Punkte auf der Liste, und erinnern Sie sich immer daran, wenn Sie versucht werden, der Lüsternheit und Gier in Ihrem Herzen nachzugeben.

3. Lassen Sie in der nächsten Woche mindestens drei Personen an dieser von Herzen kommenden Dankbarkeit teilhaben. Beten Sie zu Gott um Hilfe, wenn Ihnen das schwerfällt und Sie es nicht tun möchten.
4. Lassen Sie an alldem Ihre Vertrauensperson teilhaben und hören Sie auf das, was sie dazu sagt.

KAPITEL 9

Nutzen Sie eine dynamische Beziehung zu Jesus im Kampf gegen Pornografie

Die Sonne ging über den Bergen auf und tauchte den See in feuriges Orange. Eine gewaltige Menge hungriger Leute zog auf der Suche nach Jesus durch das galiläische Land. Gestern waren sie zu ihm hinausgewandert, um ihn predigen zu hören. Dabei waren sie schließlich sehr hungrig geworden, weil er bis zum Abend gesprochen hatte. Und zu ihrer unaussprechlichen Verwunderung speiste Jesus mehr als 5000 Leute mit den wenigen Broten und Fischen, die ein kleiner Junge in seinem Frühstücksbeutel mitgebracht hatte. Kurz danach ging Jesus auf die andere Seite des Sees hinüber.

Und jetzt zogen die Leute am Seeufer entlang, um ihn wiederzufinden, denn ihre gestern noch gefüllten Mägen waren inzwischen leer geworden. Ihre Suche brachte sie ganz auf die andere Seite des Sees Genezareth, wo sie Jesus endlich fanden. Johannes 6 berichtet uns, was danach geschah.

Als die Wanderer schließlich Jesus sahen, stellten sie die unverfängliche Frage: »Rabbi, wann bist du hierher gekommen?« (Vers 25). Jesus durchschaute diesen Small Talk und offenbarte, um was es ihnen wirklich ging:

> »Jesus antwortete ihnen und sprach: Wahrlich, wahrlich, ich sage euch: Ihr sucht mich, nicht weil ihr Zeichen gesehen, sondern weil ihr von den Broten gegessen habt und gesättigt worden seid. Wirkt nicht für die Speise, die vergeht, sondern für die Speise, die bleibt ins ewige Leben, die der Sohn des Menschen euch geben wird; denn diesen hat der Vater, Gott, versiegelt« (Joh 6,26-27).

Jesus wusste, worum es ihnen ging. Sie wollten Brot, nicht ihn. Und Jesu Antwort sollte nun ihre Herzen von dem Wunsch nach irdischem Brot lösen und auf ihn richten.

Die Leute verstanden das nicht. Sie hätten ihre Ohren gespitzt, wenn sie erfasst hätten, was er mit der Verheißung des ewigen Lebens meinte. Ihre Herzen hätten jubelnd höher geschlagen, wenn sie begriffen hätten, in der Gegenwart dessen zu stehen, der das vollkommene Wohlgefallen Gottes besaß. Aber weil sie diese großartige Wahrheit nicht verstanden, richteten sie ihre Aufmerksamkeit auf ihr eigenes Werk, ihre eigenen Anstrengungen. Sie fragten: »Was sollen wir tun, um die Werke Gottes zu wirken?« (Vers 28). Ohne sie direkt zu korrigieren, lenkte Jesus noch einmal ihre Blicke auf sich hin, nachdem sie mit sich selbst beschäftigt gewesen waren. Er sagte: »Dies ist das Werk Gottes, dass ihr an den glaubt, den er gesandt hat« (Vers 29). Seine Botschaft ist offensichtlich: »Blickt auf *mich*! Glaubt *mir*!«

Wenn Sie erwarten, die Leute hätten begriffen, was Jesus sagen wollte, muss ich Sie wieder enttäuschen, denn sie verstanden auch jetzt nichts. Man hört förmlich ihre Mägen knurren, während sie antworteten: »Was tust du nun für ein Zeichen, damit wir sehen und dir glauben? Was wirkst du? Unsere Väter aßen das Manna in der Wüste, wie geschrieben steht: ›Brot aus dem Himmel gab er ihnen zu essen‹« (Vers 30-31).

Haben Sie das begriffen?

Die Volksmenge erhielt einen Aufruf, dem zu vertrauen, der das Wohlgefallen des Vaters besaß. Einige Stunden zuvor waren sie Zeugen des größten Wunders, das höchstwahrscheinlich jemals einer von ihnen miterlebt hatte. Jetzt wollten sie schon wieder ein Wunder. Natürlich war die Forderung nach einem *weiteren* Zeichen nur der unbeholfene Versuch, noch mehr Brot von Jesus zu bekommen. Diese Leute suchten nicht Jesus – was sie suchten, war ein kostenloses Frühstück.

Jesus erkannte in ihren Worten über Zeichen und Manna die

verdeckte Forderung nach einer weiteren Mahlzeit. Und nun beschreibt er noch ausführlicher die Bedeutung des Manna in Moses Tagen: »Wahrlich, wahrlich, ich sage euch: Nicht Mose hat euch das Brot aus dem Himmel gegeben, sondern mein Vater gibt euch das wahrhaftige Brot aus dem Himmel. Denn das Brot Gottes ist der, der aus dem Himmel herabkommt und der Welt das Leben gibt« (Vers 32-33). Das Manna, von dem sie in ihren Schriften aus Moses Zeit lasen, war eine Nahrung, die nur für eine bestimmte Zeit gegeben wurde. Gott hatte vor, ihnen wahres Himmelsbrot zu geben, das nicht nur für einen Tag die Mägen der Leute füllen, sondern der ganzen Welt das Leben geben sollte.

Wahres Brot vom Himmel! Brot, das nicht nur fünftausend Leute speisen sollte, sondern die ganze Welt! Brot, das Sie nicht nur für einen Tag sättigt, sondern ewiges Leben gibt! Das ist wohl ein ernst zu nehmendes Brot! Und nun, wo Jesus die Aufmerksamkeit der Menge erregt hat, kann man das steigende Interesse spüren, das sie nun bitten lässt: »Herr, gib uns allezeit dieses Brot!« (Vers 34).

Wir können der Menge nachsehen, dass sie ein wenig verwirrt wurde, als Jesus antwortete: »Ich bin das Brot des Lebens; wer zu mir kommt, wird nicht hungern, und wer an mich glaubt, wird niemals dürsten. … Denn dies ist der Wille meines Vaters, dass jeder, der den Sohn sieht und an ihn glaubt, ewiges Leben habe; und ich werde ihn auferwecken am letzten Tag« (Vers 35.40). Jesus wollte ihnen klarmachen, dass das für sie nötige Brot er selbst ist.

Leider ist Jesus nicht das Brot, um das es ihnen ging. Sie wollten Brot für den Magen, keins für die Seele. Und als sie anklagend fragen: »Wie kann dieser uns sein Fleisch zu essen geben?« (Vers 52), sagt er schließlich, worum es eigentlich geht:

> »Wahrlich, wahrlich, ich sage euch: Wenn ihr nicht das Fleisch des Sohnes des Menschen esst und sein Blut trinkt, so habt ihr

kein Leben in euch selbst. Wer mein Fleisch isst und mein Blut trinkt, hat ewiges Leben, und ich werde ihn auferwecken am letzten Tag; denn mein Fleisch ist wahrhaftig Speise, und mein Blut ist wahrhaftig Trank. Wer mein Fleisch isst und mein Blut trinkt, bleibt in mir und ich in ihm. Wie der lebendige Vater mich gesandt hat und ich lebe des Vaters wegen, so auch, wer mich isst, der wird auch leben meinetwegen. Dies ist das Brot, das aus dem Himmel herabgekommen ist. Nicht wie die Väter aßen und starben; wer dieses Brot isst, wird leben in Ewigkeit« (Joh 6,53-58).

Ich will gern der Erste sein, der zugibt, dass dieser Text ein wenig eigenartig klingt, doch wenn Sie der Schilderung des Gesprächs bis hierher gefolgt sind, ist Ihnen klar, dass Jesus keinem Kannibalismus das Wort redet. Vielmehr spricht er in Kategorien, die die Hörer aufschrecken und sie von ihrer Suche nach Nahrung für ihre knurrenden Mägen abwenden sollen. Außerdem spricht er in einer Weise, die geistlich hungrige Hörer wohl begreifen können.

Wie können Sie sich von Jesus nähren?

Das Problem war, dass Jesu Zuhörer an nichts als an buchstäbliches Brot dachten. Obwohl Jesus versuchte, ihre Gedanken von einer kostenlosen Speisung zu etwas viel Großartigerem zu lenken, blieben sie dabei, die Unterhaltung immer wieder auf leibliche Nahrung zurückzubringen. Wenn Jesus vom Essen seines Fleisches und vom Trinken seines Blutes spricht, so will er der Menge sagen: »Begreift ihr nicht? Ihr denkt immer nur an Brot. Ihr müsst euch stattdessen mit *mir* beschäftigen. Ihr braucht mich. Kommt zu mir. Seht nicht zu mir auf, weil ich etwas für euch tun kann. *Sucht mich selbst.*«

Auch wenn wir begreifen, dass Jesu Worte dazu bestimmt waren, seine Hörer aus ihrem vom Hunger nach Brot diktierten Denken zu lösen, so fragen wir doch vielleicht, was Jesus gemeint hat. Wenn er nicht fordert, wir sollten buchstäblich sein Fleisch essen und sein Blut trinken, wie können wir dann seinem Befehl folgen? Wir sollten dabei Folgendes bedenken: Kurz bevor Jesus die Leute aufforderte, sie sollten sein Fleisch und Blut zu sich nehmen, sagte er etwas anderes zu ihnen: »Dies ist der Wille meines Vaters, dass jeder, der den Sohn sieht und an ihn glaubt, ewiges Leben habe; und ich werde ihn auferwecken am letzten Tag« (Vers 40). In Johannes 6,54 werden wir aufgefordert, sein Fleisch zu essen und sein Blut zu trinken, um ewiges Leben zu bekommen und um auferweckt zu werden; in Vers 40 sagt Jesus, wir müssten auf ihn sehen und an ihn glauben, um ebendieses Leben und die Auferstehung zu empfangen.

Stellen wir diese beiden Verse nebeneinander, so erkennen wir den Zusammenhang: *Wir nähren uns von Jesus, sooft wir im Glauben zu ihm aufblicken.* Wenn wir den Worten Jesu über sein eigenes Wesen und Wirken glauben, »essen« wir ihn, wie er es fordert. Jesus befiehlt uns, uns von ihm zu nähren, weil er den Glauben an ihn plastisch darstellen will. Jesus kam als Retter, um einer verlorenen und sterbenden Welt ewiges Leben und Erlösung zu bringen. Er kam nicht als Kellner, um eine gierige Volksmenge mit Brot zu bedienen.

Der eigentliche Grund, weshalb Jesus das Wunder der Massenspeisung geschehen ließ, war nicht, weil er den quälenden Hunger stillen wollte; vielmehr wollte er den Glauben der dort versammelten Menschen an den Sohn Gottes wachrufen, der in Macht erschienen war, das Volk von seinen Sünden zu befreien (Joh 6,26.29.32). Solange wir unsere Aufmerksamkeit auf unsere eigenen Interessen und Begierden richten, übersehen wir den eigentlichen Grund: Gott sandte seinen Sohn, um uns zu retten. Alle müssen wissen, dass Jesus das Brot ist, das wir essen sollen.

Diese Botschaft widerspricht der allgemein geglaubten Auffassung. Doch Jesus ist nicht gekommen, um alle denkbaren Nöte zu beseitigen, die wir zu jedem gegebenen Augenblick zu haben meinen. Heutzutage glauben und lehren einige in der Christenheit, Jesu eigentliche Mission bestehe darin, alle Nöte zu beseitigen, die wir verspüren. Wenn Sie sich zum Beispiel einsam fühlen, so lehren sie, dann käme Jesus als Ihr Freund. Sind Sie Single, dann käme er als Ihr Gefährte; fühlen Sie sich schlecht, dann würde er Ihnen Mut zusprechen; sind Sie pleite, so würde er Sie reich machen; und wenn Sie krank sind, so sei er dazu da, Sie zu heilen. Die Volksmenge in Johannes 6 war hungrig und glaubte, Jesus sei gekommen, um sie zu sättigen.

Nun ist es herrlich wahr, dass Jesus ein Freund der Sünder ist. Er sorgt für uns, und wir können ihm bezüglich unseres täglichen Brotes vertrauen. Trotzdem geht es Jesus in Johannes 6 vor allem darum, alle die zu korrigieren, die in ihm *in erster Linie* etwas anderes sehen als den Retter von unseren Sünden. Jesus weist uns zurecht, wenn wir von ihm nur dadurch glücklich gemacht werden wollen, dass er uns die Nöte abnimmt, die uns *bewusst* sind. In Wahrheit aber haben wir ihn als unseren Retter nötig – als den, der unsere Sünden vergeben und uns ewiges Leben schenken kann. Jesus wird unser Retter, wenn wir uns nach den Worten in Johannes 6 von ihm nähren, indem wir in bußfertigem Glauben zu ihm aufschauen.

Und was hat das alles mit Pornografie zu tun?

Sie mögen sich schon gefragt haben, wie Ihnen all das Gesagte in Ihrem Kampf gegen die Pornografie helfen kann. Warum habe ich mich in diesem Kapitel so lange damit aufgehalten, über Leute zu reden, die von Jesus Brot haben wollten – vor allem, wo Sie doch Hilfe brauchen im Kampf gegen die Pornografie! Ich glaube, in Johannes 6 geht es überall auch darum. Sie wissen selbst, dass viele Jesus deshalb suchen, weil sie in genau derselben Weise Hilfe erwarten, wie die Volksmenge Brot von ihm haben wollte.

Viele Christen, die nur auf den Kampf gegen Pornografie fixiert sind, beurteilen die Nähe ihrer Beziehung zu Christus danach, wie oft oder wie selten sie in jüngster Zeit Pornografie angeschaut haben. Haben Sie heute nicht hingeschaut, fühlen Sie sich erleichtert und nahe bei Jesus. Haben Sie aber heute schon Pornografie konsumiert, kommen Sie sich wie Dreck vor und meinen, Sie seien weit von ihm entfernt. Wenn Sie Pornografie anschauen, erscheint es Ihnen, dass sich alle Ihre Gebete (wenn Sie überhaupt beten) nur um Ihr Pornografie-Problem drehen: »Herr, nimm das weg! Gott, warum habe ich das wieder getan? Ich will doch mein Leben nicht kaputtmachen und meinen Angehörigen keinen Schaden zufügen oder meinen Dienst in der Gemeinde nicht verlieren. Gott, mach mich bitte frei von dieser Plage!« Sie sind vielleicht tief enttäuscht von Gott und fragen sich, warum es Ihnen immer noch so scheußlich ergeht. Dabei können Sie sogar Christus gegenüber Misstrauen hegen, weil er immer noch diese inneren Kämpfe zulässt. Vielleicht fragen Sie, ob Jesus wirklich das ist, was er von sich gesagt hat, wo doch Ihre Probleme anscheinend kein Ende haben. Sie glauben, Ihre Zweifel würden verschwinden, wenn er ganz einfach Ihre Probleme wegnähme.

Sie möchten also, dass Jesus ein Wunder für Sie tut. Wie die Volksmenge Brot wünschte, möchten auch Sie, dass Jesus beweist, wer er ist, indem er Ihnen Ihren Wunsch erfüllt. Verstehen Sie mich bitte recht – es ist richtig, Jesus zu bitten, Ihnen in Ihrem Kampf gegen die Pornografie zu helfen. Darum geht es in diesem ganzen Buch. Genauso richtig ist es, auf Jesus zu blicken, damit er Ihnen Ihr tägliches Brot gibt – wie es die Volksmenge in Johannes 6 tat. Die Leute handelten nicht deshalb falsch, weil sie Jesus um Brot baten, *sondern weil Brot alles war, was sie haben wollten.* Ihr Irrtum bestand nicht darin, Jesus um Brot zu bitten, sondern darin, dass sie *ausschließlich* Brot verlangten. Jesus sollte ihren leiblichen Hunger stillen, aber das viel Größere, die Fülle des Lebens auf weit wichtigeren Gebieten, interessierte sie nicht. Sie machten Jesus und sein Werk ganz klein, indem sie in ihm nur den Ursprung einer guten Sache erblickten, anstatt in ihm dankbar die Quelle alles Guten anzuerkennen.

Es ist wunderbar, Jesus zu suchen, um von der Pornografie frei zu werden. Doch wenn Sie mit diesem Begehren zu ihm kommen, können Sie sehr leicht der Volksmenge gleichen, die nichts als Brot wollte. Dann definiert sich Ihre Beziehung zu Christus nur durch Ihren Kampf mit der Pornografie. Das wird besonders deutlich, wenn Sie sich von Gott in Ihren Problemen enttäuscht fühlen oder wenn Sie nur dann inständig zu ihm beten, nachdem Sie sich Pornografie angeschaut haben. Die Wahrheit, die Gott Sie lehren will, ist diese: *Ihre Beziehung zu Jesus ist bedeutsamer als Ihr Kampf mit der Pornografie.* Falls Sie nur dann an einem Leben mit Jesus interessiert sind, wenn Sie seine Hilfe bei Ihrer Pornosucht brauchen, dann befinden Sie sich nicht in der Fülle jener von Liebe geprägten Beziehung, die Jesus zu Ihnen aufnehmen will.

Wir kommen alle manchmal selbstsüchtig zu Christus. Wir alle möchten, dass er Dinge für uns tut, die uns gefallen und die wir für gut halten. Und wir sind enttäuscht, wenn Gott in seiner Weisheit unsere törichten Hoffnungen zerschlägt. Es ist nicht Jesu Aufgabe, immer auf Abruf bereitzustehen. Diese Wahrheit bedeutet nicht, dass Sie mit Ihrem Porno-Problem nicht auf Jesus blicken dürfen. Auch wenn es um das tägliche Brot oder um irgendetwas anderes geht, was Sie wirklich brauchen, dürfen Sie zu ihm kommen. Damit ist aber sehr wohl gemeint, dass Sie ihn nicht um Hilfe bitten können, als sei er ein Botenjunge, dessen Aufgabe es ist, sofort loszulaufen, um jede Augenblickslaune zu befriedigen. Sie sollten ihm nahen als dem souveränen König des

Universums, der Sie aus Gnaden von Ihren Sünden errettet und Ihnen ewiges Leben gibt und der auf seine Weise und zu seiner Zeit handelt. Sie sollten nach einer wirklich gelebten Beziehung zu diesem souveränen Retter-König streben und wünschen, ihm auf jede Weise näherzukommen – und nicht nur, damit Ihre Probleme gelöst werden. Auf diese Weise zu Christus zu kommen, ist bei Weitem besser, als nur seine Hilfe zu erbitten, wenn es Ihnen schwerfällt, keine Pornografie mehr anzuschauen. So zu Jesus zu kommen, bedeutet, in ihm den allmächtigen Retter und nicht nur einen Notdienstleister zu sehen.

Vom Porno-Konsumenten zum »Christus-Konsumenten«

Wenn Sie verstehen, was ich meine, werden Sie auch einsehen, dass die Überschrift dieses Kapitels absichtlich ironisch gemeint ist. Sie sollten nicht nach einer dynamischen Beziehung zu Jesus trachten, weil Sie mit der Pornografie aufhören wollen. Sie sollten nur deshalb eine dynamische Beziehung zu Jesus aufbauen, weil Sie Jesus selbst kennenlernen wollen. Immer, wenn Sie nur zu Jesus kommen, weil Sie etwas von ihm haben wollen oder weil er etwas für Sie erledigen soll, verstehen Sie nicht, was es letztlich heißt, zu ihm zu kommen. Jesus existiert nicht unsertwegen, obwohl er uns gnädig hilft, weil wir Sünder sind. Wir sind für ihn und seinetwegen geschaffen, um ihn anzubeten und ihm zu dienen.

Anfänglich wurden Sie nur durch Ihr großes Bedürfnis, von der Pornografie loszukommen, zu Christus gezogen. Aber Ihr Kampf gegen diese Sünde bildete nur den Anfang, als es um die umfassenderen Rettungsabsichten Gottes für Sie ging. Sie sind nicht nur gerettet, um von der Pornografie befreit zu werden. Vielmehr sollen Sie die Freude eines Lebens mit Jesus kennenlernen und erfahren, wie es ist, ihm zu folgen und ihm immer ähnlicher zu werden. Anders ausgedrückt ist es das, was Jesus seine Jünger lehrte: »Trachtet aber zuerst nach dem Reich Gottes und nach seiner Gerechtigkeit, und dies alles wird euch hinzugefügt werden« (Mt 6,33).

Sie müssen Ihr Sinnen darauf richten, Gott zu suchen, bevor Sie anderes begehren. In einem zweiten Schritt müssen Sie vertrauen, dass er Ihnen geben wird, was Sie brauchen, wenn Sie entsprechend gesinnt sind. Es wäre falsch, die *Dinge* zu suchen, bevor Sie nach *ihm* getrachtet haben. Stellen Sie sich einen Sohn vor, der seinen Vater nur ausnutzt. Dieser Sohn ist arbeitslos und hat kein Geld, geht aber nur zu seinem Vater, um finanzielle Hilfe zu erbitten. Was würden Sie von einem solchen Sohn denken? Sicher hielten Sie ihn für einen verachtenswerten jungen Mann, der seinen Vater nicht liebt, sondern nur ausnutzt.

Nun stellen Sie sich einen Sohn vor, der seinen Vater liebt. Der mag gern bei seinem Vater sein, um Freud und Leid des Lebens mit ihm zu teilen. Er hört gern die Weisheit des Vaters und folgt seinen Ratschlägen. Was würden Sie denken, wenn dieser Sohn in harten Zeiten seinen Vater um finanzielle Hilfe bittet? Sicher würden Sie sagen, dass es wunderbar für ihn ist, in Notzeiten einen liebenden Vater zu haben, der ihm hilft. Und ich denke, dass Sie recht haben. Es ist ein Zeichen tiefer, hingegebener Liebe, wenn ein Hilfesuchender sich an jemanden wendet, zu dem er in enger Beziehung steht. Und es ist ein Zeichen der Verdorbenheit, von jemandem Hilfe zu erbitten, zu dem man nur kommt, wenn man in Not ist.

Sie müssen ein Mensch sein, der um eine enge Beziehung zu Jesus Christus ringt, weil ihm das weitaus wichtiger ist, als gegen die Pornografie zu kämpfen. Bei Ihrem Kampf geht es ja nicht nur darum, Pornografie zu meiden. Es geht um weit Herrlicheres. Sie haben das unaussprechliche Privileg, in eine wirkliche und echte Beziehung zu dem Retter Ihrer Seele gerufen zu sein, der allein das Siegel des Wohlgefallens des göttlichen Vaters hat. Sie dürfen mit ihm zusammen Ihren Weg gehen. Sie haben die Ehre, ihm folgen zu dürfen. Es ist Ihr besonderes Vorrecht, im Kampf mit Christus Gemeinschaft zu haben. Und wenn Sie sich mehr mühen, zu Christus aufzublicken, als Ihr eigenes Ringen um Vermeidung der Pornografie zu sehen, dann werden Sie erfahren, dass Sie den Sieg davongetragen haben.

Sie können nicht gleichzeitig auf Jesus und auf Pornografie blicken. Sie müssen sich von dieser Sucht abwenden, um auf Jesus sehen zu können. Eine lebendige, dynamische Beziehung zum Retter der Welt wird die Pornografie eher als alles andere aus Ihrem Leben vertreiben. Wenn Sie Ihre Augen auf Jesus richten, bleibt für nichts anderes Raum in Ihrem Herzen, weil er alles ausfüllt. Sobald Sie in einem stockfinsteren Raum die Rollläden hochziehen, vertreibt das Licht die Dunkelheit. Wenn Sie einen leeren Krug unter einen Wasserstrahl stellen, wird die Leere aus ihm vertrieben. Wenn Sie einen einsamen Freund besuchen, vertreiben Sie dessen Einsamkeit. Auf gleiche Weise wird die Gegenwart Jesu Ihr Leben durchfluten und alle Unreinheit und Pornografie vertreiben. Wenn es Ihnen darum geht, Jesus in Ihr Leben aufzunehmen, werden Sie früher oder später unweigerlich aufhören, Pornografie zu konsumieren.

Der Kampf um eine Beziehung zu Jesus

Wie macht man das? Wie sieht ein Kampf um diese Beziehung mit Jesus aus? Jesus gibt uns einen Hinweis, wenn er zu der hungrigen Menge sagt: »Wer mein Fleisch isst und mein Blut trinkt, bleibt in mir und ich in ihm« (Joh 6,56). Jesus ruft uns auf, in ihm zu bleiben. Diese Vorstellung, in ihm zu bleiben, finden wir auch in den Worten Jesu in Johannes 15,7: »Wenn ihr in mir bleibt und meine Worte in euch bleiben, so werdet ihr bitten, um was ihr wollt, und es wird euch geschehen.« Für Jesus ist das Bleiben in ihm immer mit zwei Dingen verbunden.

Erstens bleiben wir in Jesus, wenn wir sein Wort bleibend in uns haben. Weil der einzige Ort, an dem wir Jesu Worte empfangen können, die Bibel ist, können wir daraus schließen, dass wir in Jesus bleiben, wenn es uns ein Anliegen ist, ihn in seinem Wort zu hören. Zu jeder bedeutsamen Beziehung, die wir kennen, gehört es, auf diese Person zu hören. Wenn Sie sagen, Sie hätten eine enge Beziehung zu jemandem, ohne jemals auf ihn zu hören, ist diese Beziehung nicht so eng, wie sie sein könnte. Das Gleiche gilt für unsere Beziehung zu Jesus. Wenn wir behaupten, wir liebten Jesus, hören aber nie etwas von ihm aus seinem Wort, müssen wir darüber nachdenken, ob er wirklich der gute Freund in unserem Leben ist, für den wir ihn halten.

Zweitens bleiben wir in ihm, wenn wir das, was ihm wohlgefällig ist, von ihm erbitten. Wenn Jesus davon redet, dass wir ihn um etwas bitten sollen, dann meint er das Gebet. Zu einer Beziehung gehören das Hören und das Reden. In unseren Freundschaften hören wir auf die Freunde und reden mit ihnen. Genauso ist es bei Jesus. Darum sollten wir ihm in der Bibel zuhören und im Gebet mit ihm sprechen.

Jesus spricht in der Beziehungskategorie des Bleibens in ihm: Wir sollen bei ihm verweilen und immer wieder seine Nähe suchen. Wir sprechen oft vom Beten und Bibellesen, als handle es sich um eine Liste, die wir abarbeiten müssten, und um eine Pflicht, die es zu erfüllen gilt. Jesus macht das nicht. Wenn er über das Hören auf ihn und über das Reden mit ihm spricht, will er uns Anteil geben an dem Leben, das er schenkt. Ich möchte im Folgenden drei Vorschläge weitergeben, die mir geholfen haben, in Christus zu bleiben.

1. Beten Sie mit den Worten der Bibel. Jesus verheißt, dass diejenigen, die in ihm bleiben und seine Worte beherzigen, bitten werden, um was sie wollen, und es wird ihnen gewährt werden. Das ist eine Einladung, »die Bibel zu beten«, wenn wir sie lesen. Von dieser Methode ernten wir mindestens zwei Vorteile. Einerseits bewahrt uns das davor, die Bibel nur oberflächlich zu überfliegen, wobei wir dadurch ermuntert werden, betend über die Worte der Schrift nachzusinnen. Außerdem werden die Worte der Bibel viel leichter in unsere Herzen eindringen, wenn wir diese Worte in Gebete verwandeln, die an Christus gerichtet sind. Andererseits können wir sicher sein, Gebete zu sprechen, die Christus wohlgefallen. Sie wissen nicht, ob Gott will, dass Sie eine bestimmte Arbeitsstelle annehmen oder eine bestimmte Person heiraten sollen, aber Sie können anhand von Johannes 15 wissen, dass es ihm bestimmt wohlgefällt, wenn Sie in Christus bleiben. Wenn Sie dieses Gebet sprechen, bitten Sie um etwas, was Gott gern erhört.

2. *Beten Sie laut!* Ich kenne Sie nicht, aber ich kann sehr leicht abgelenkt werden. Mein Gebet kann sich ziemlich schnell in einen Tagtraum wandeln – und dies noch vor dem »Amen«. Eine der effektivsten Methoden, die ich herausgefunden habe, um beim Beten auf das Reden mit Gott konzentriert zu bleiben, ist das laute Gebet. Wenn ich mit anderen rede, spreche ich laut. Warum sollte man es mit Gott nicht genauso machen? Wenn wir mit Gott so sprechen wie mit anderen Menschen – also laut –, würden wir mehr Zeit mit konzentriertem Gebet verbringen.

Drittens: Singen Sie Gott Lieder! Es gibt viele Tage, an denen ich mich nicht zum Beten aufgelegt fühle. Ich weiß von vielen Geschichten, die von der Kälte meines Herzens Zeugnis geben, während ich eigentlich mit Christus Gemeinschaft pflegen sollte. Eine Sache habe ich entdeckt, die für gewöhnlich mein Herz erwärmen kann: Ich singe Gott Lieder. Es ist unmöglich, lauwarm zu bleiben, wenn Sie ein Lied wie das folgende singen:

Ich bete an die Macht der Liebe,
Die sich in Jesus offenbart,
Ich geb mich hin dem freien Triebe,

Womit ich Wurm geliebet ward.
Ich will, anstatt an mich zu denken,
Ins Meer der Liebe mich versenken.

Und Ihr Herz wird bestimmt tief ergriffen, wenn Sie mit gläubiger Seele singen:

Wer hat Dich so geschlagen,
O Herr, und Dich mit Plagen
So übel zugericht't!
Du bist ja nicht ein Sünder
Wie alle Menschenkinder,
Von Missetaten weißt Du nicht.

Ich bin's, ich sollte büßen
An Händen und an Füßen
Gebunden in der Höll.
Die Geißeln und die Banden
Und was Du ausgestanden,
Das hat verdienet meine Seel.

Und Ihr Seelenzustand wird bestimmt verwandelt, wenn Sie voller Freude Psalm 126 singen mögen:

Wenn der Herr die Gefangenen Zions erlöst,
Werden wir wie die Träumenden sein.
Ja, da werden wir lachen und jubelnd uns freun,
Und die Menschen ringsum werden's sehn,
Und sie stimmen mit uns in das Jubellied ein;
Denn der Herr, Er ließ Großes geschehn.

Manchmal befinden Sie sich nicht an einer Stelle, wo man einfach laut singen kann. Auch ich habe oft die Zeilen eines Liedes nur geflüstert und trotzdem den gleichen Segen empfangen. Gott hat die Musik geschaffen, um durch sie unsere Seelen zu erheben. Wenn Sie sich weit weg von Christus fühlen, sollten Sie versuchen zu singen, um ihm wieder näherzukommen!

Einerlei, auf welche Weise Sie die Beziehung zu Christus zu festigen suchen, Hauptsache ist, dass dies auch für Sie das Wichtigste ist. Sie sollten ihn nicht nur suchen, um etwas von ihm zu empfangen, und seien es alles nur gute Dinge. Jesus ist nicht Ihr Schoßhund. Er ist Ihr souveräner Erretter. Wenn Sie ihm nachfolgen, lernen Sie ihn immer besser kennen. Wenn der Segen, den Sie bei ihm suchen, darin besteht, ihn besser kennenzulernen, können Sie sicher sein, dass er Ihnen nichts Gutes vorenthalten wird – ob es sich um Ihren Kampf mit der Pornografie handelt oder um irgendetwas anderes.

Schließlich können Sie nicht zu Jesus kommen ohne die Kraft, die er Ihnen gibt. Wenn Jesus Sie in eine Beziehung zu sich ruft, dann weiß er, dass Sie das nicht aus sich heraus schaffen können. Darum gibt er Ihnen seine vergebende und seine verändernde Gnade. Wenn Ihr Herz Christus gegenüber kalt ist, dann bitten Sie ihn um Vergebung. Bitten Sie ihn um die Kraft, sich verändern zu lassen. Bitten Sie ihn, Sie mit dem brennenden Begehren zu erfüllen, ihn zu erkennen und ihn mehr als alles andere zu lieben. Der Christus, der Sie in eine Beziehung zu sich berief, wird sich darüber freuen, dass Sie als derjenige kommen, der ganz auf ihn angewiesen ist. Er wird Ihre Bitte erhören, wenn Sie sich im Glauben an ihn gewandt haben.

Kämpfen Sie um Reinheit in der Kraft der Gnade

1. Haben Sie sich schuldig gemacht, Jesus nur zu suchen, um etwas von ihm zu empfangen? Bitten Sie ihn um Hilfe, wenn Sie Vergebung und die Kraft zur Veränderung empfangen wol-

len. Bitten Sie Gott, er möge Ihnen helfen, Jesus um seiner selbst willen zu lieben, nicht nur für das, was er für Sie tun kann.

2. Suchen Sie einen Bibelabschnitt, durch den Sie dem Herrn begegnen können. Vielleicht ist es Johannes 6 oder 15. Es kann auch Psalm 23 oder Offenbarung 4 sein. Welchen Text Sie auch auswählen, beten Sie die Worte dieses Textes hörbar.
3. Suchen Sie ein Lied, das geistlich wahr ist und das biblische Evangelium widerspiegelt. Oben habe ich aus den Liedern »Ich bete an die Macht der Liebe« und »O Mensch, sieh hier das Leben« zitiert und danach einen Psalmtext in Reimform folgen lassen (Ps 126). Damit könnte man gut anfangen. Auch wenn es Ihnen seltsam vorkommt, sollten Sie solche Lieder hörbar singen. Lassen Sie sich von Leuten, die in der Nähe sind, nicht abhalten. Sie können ja verhalten singen. Es soll alles für den Herrn sein. Falls Ihnen das komisch vorkommt, bitten Sie den Herrn darum, von sich wegsehen und Ihr Denken auf ihn richten zu können.
4. Bitten Sie Ihre Vertrauensperson, bei alldem mitzumachen.

SCHLUSS

Ein Aufruf zu Heiligkeit und Hoffnung

Wir haben in diesem Buch ein weites Feld beackert. Wir sprachen darüber, wie man die Gnade Gottes in Jesus nutzen kann, um die Pornografie auszuziehen und dafür Dankbarkeit, Demut und Verantwortlichkeit anzuziehen, um nur einiges zu nennen. Alles sind gangbare Wege, die Gnade Gottes in Ihrem Leben Wirklichkeit werden zu lassen. Ich bete dafür, dass Sie nach dem Lesen dieses Buches das in Anspruch genommen haben, was Gott Ihnen in seiner Gnade geschenkt hat, und dass Sie schon Fortschritte in Richtung Freiheit feststellen konnten.

Ich möchte abschließen, indem ich Sie bei Ihrer von Gottes Gnade begleiteten Reise, bei der Sie immer mehr von der Pornografie befreit werden, zu Heiligkeit und Reinheit ermuntere. Auch möchte ich Ihnen sehr zuraten, Ihre Hoffnung einzig auf Jesus zu setzen, wenn Sie den Kampf aufnehmen. Dazu möchte ich Ihnen zwei Abschnitte aus dem 1. Brief an die Thessalonicher sehr ans Herz legen, wenn Sie auf dem Weg von der Pornografie zur Reinheit sind:

Ein Aufruf zur Heiligkeit

In 1. Thessalonicher 4,3-7 ruft uns der Apostel Paulus sehr entschieden zu einem Leben in Heiligkeit auf:

> »Denn dies ist Gottes Wille: eure Heiligkeit, dass ihr euch der Hurerei enthaltet, dass jeder von euch sein eigenes Gefäß in Heiligkeit und Ehrbarkeit zu besitzen wisse, nicht in Leidenschaft der Lust, wie auch die Nationen, die Gott nicht kennen;

> dass er seinen Bruder nicht übersehe noch hintergehe in der Sache, weil der Herr Rächer ist über dies alles, wie wir euch auch zuvor gesagt und ernstlich bezeugt haben. Denn Gott hat uns nicht zur Unreinheit berufen, sondern in Heiligkeit.«

Paulus eröffnet seine Ermahnung, indem er Gottes Willen auf höchst praktische Weise beschreibt. Viele Christen stellen komplexe Fragen in Bezug auf den Willen Gottes. Sie forschen danach, ringen diesbezüglich um Klarheit und entwickeln Methoden, ihn zu entdecken. Paulus sagt, er wisse bereits, was dieser Wille ist. Der Wille Gottes ist das »Geheiligtsein« der Christen. Damit meint Paulus, er möchte bei den Gläubigen mehr Christusähnlichkeit sehen. Gottes Wille besteht nach Paulus darin, dass wir Christen dem Wesen Christi nacheifern und so in der Heiligung wachsen.

Nachdem Paulus den Willen Gottes als seine Forderung beschrieben hat, Christus ähnlicher zu werden, unterweist er als Erstes die Gläubigen, dass sie sich von sexueller Unmoral fernhalten sollten. Nach Meinung des Apostels liegt die Hauptbedrohung für die Christusähnlichkeit in der Versuchung, sich unmoralischen Formen der Sexualität hinzugeben. Offensichtlich gehört zu sexueller Unmoral mehr als nur Pornografie, aber Pornografie ist heute eine der häufigsten Methoden, sexuelle Sünden zu begehen. Pornografie stellt also eine ernst zu nehmende Bedrohung für Sie dar! Pornografie bedroht Ihre Fähigkeit, in Gottes heiligem Willen zu leben, denn sie ist ein großes Hindernis, wenn Sie Jesus ähnlicher werden wollen.

Paulus fährt fort zu beschreiben, warum sexuelle Unmoral falsch ist. Sie offenbart einen Mangel an Selbstbeherrschung, was ein Kennzeichen der Heiden ist, die Gott nicht kennen. Das stimmt mit dem überein, was Paulus den Gläubigen in Ephesus einschärft: »Dies nun sage und bezeuge ich im Herrn, dass ihr fortan nicht wandelt, wie auch die Nationen wandeln, in Eitelkeit ihres Sinnes« (Eph 4,17). Wenn Christen, die sich in die Gnade

Jesu gehüllt haben, Pornografie anschauen, handeln sie genauso schändlich wie solche, die Jesu unendliche Gnade verworfen haben. Empfänger der Gnade sollten grundlegend anders handeln als Verächter der Gnade.

Paulus hat schon zwei bedeutsame Gründe angeführt, jede Art von sexueller Unmoral zu bekämpfen. Aber er ist noch nicht damit zu Ende. Er fährt fort zu erklären, dass sexuelle Unmoral falsch ist, weil sie Menschen verletzt. Pornografie steht dem »Wachsen zu Christus hin« im Wege, weil sie anderen Schaden zufügt. Unser Ziel als Christen ist, ihm ähnlich zu werden. Er ging nie umher und hat Frauen nie daraufhin angeschaut, wie er sie ausnutzen könnte. Aber genau das geschieht, wenn man sich unmoralisches Material anschaut. Pornografie lädt die Konsumenten ein, nur an sich selbst und an die selbstsüchtigen Vergnügungen zu denken, die die Akteure bieten können. Wenn Sie Pornografie anschauen, denken Sie nicht an den Schaden, den Sie den Akteuren zufügen, denen Sie zuschauen, und niemals kommen Sie auf den Gedanken, sie wirklich zu lieben oder für sie zu beten. Wenn Sie Pornografie anschauen, denken Sie nicht an den Schaden, den Sie Ihrer eigenen Frau oder den Kindern bzw. anderen Familienangehörigen zufügen. Sie denken auch nicht an den Schmerz, den Sie denen in Ihrer Gemeinde zufügen können, die Sie lieben. Sie denken nicht daran, wie sehr Sie den Heiligen Geist betrüben. Sie denken nur an sich selbst. Pornografie ist eine gänzlich selbstsüchtige Handlungsweise, die alle Kümmernisse und Nöte sowie das Wohl der Menschen im eigenen Umfeld völlig unberücksichtigt lässt. Darum drängt der Apostel Paulus diejenigen, die bisher in sexueller Unmoral gelebt haben, zur Heiligung. Sie sollen selbstlos werden und überlegen, welche tief greifenden Schäden sie anderen Menschen zufügen.

Paulus beendet seinen Aufruf, wie er ihn begann – mit »Heiligkeit«. »Denn Gott hat uns nicht zur Unreinheit berufen, sondern in Heiligkeit.« Der Ruf, in Christus zu sein, ist der Ruf, heilig zu sein. Lieber Christ, hören Sie das Wort Gottes: Die Unreinheit der Pornografie steht in direktem Gegensatz zu dem, was wir in Christus sind. Das Blut Jesu veranlasst uns, umfassend nach Heiligkeit zu streben. Wir sind dazu bestimmt, wie Jesus zu sein. Darum müssen Sie sich vom Verhalten eines Ungläubigen unter allen Umständen fernhalten und dürfen auch auf sexuellem Gebiet niemandem Schaden zufügen. Sie müssen sich mit ganzem Herzen von der Pornografie fort- und zur Heiligkeit, Liebe und Selbstbeherrschung sowie zur göttlichen Gnade hinwenden. Die große Berufung für Ihr ganzes Leben ist, heilig zu werden – und die Pornografie steht alldem diametral entgegen. Fliehen Sie die Pornografie und eilen Sie zu Christus!

Ein Aufruf zur Hoffnung

1. Thessalonicher 4 stellt einen starken Ruf zur Heiligkeit dar. Paulus macht sogar deutlich, dass der Herr Sie strafen wird, wenn Sie nicht heilig leben. Wer sich weiterhin hartnäckig wie ein Ungläubiger aufführt und durch seine sexuelle Unreinheit andere schädigt, wird Züchtigung erfahren. Der Ernst dieser Warnung als solcher ist schon Motivation genug, die Pornografie zu fliehen und der Heiligkeit nachzujagen.

Aber da müssen wir aufpassen. In einem der Hauptthemen in diesem ganzen Buch geht es darum, dass wir die Gnade Jesu nötig haben, um wie Jesus zu werden. Heilig zu sein und die Pornografie zu fliehen, bedarf einer Kraft, die nicht in uns liegt. Diese Wahrheit macht das nächste Kapitel in 1. Thessalonicher so sehr wichtig. In 1. Thessalonicher 5,23-24 schreibt Paulus: »Er selbst aber, der Gott des Friedens, heilige euch völlig; und euer ganzer Geist und Seele und Leib werde untadelig bewahrt bei der Ankunft unseres Herrn Jesus Christus. Treu ist er, der euch ruft; er wird es auch tun.«

Ich bin überzeugt, dass diese beiden Verse die hoffnungsvollste Belehrung der Bibel für solche Christen enthalten, die mit der sexuellen Unmoral der Pornografie zu kämpfen haben. Darin stellt Paulus eine große Menge gnadegewirkter Hoffnung bereit, um der starken Aufforderung zur Heiligkeit in 1. Thessalonicher 4 auch tatsächlich folgen zu können.

Der Befehl aus 1. Thessalonicher 4 lautet für Christen, sexuelle Unmoral zu meiden. Wir haben die Berufung, damit aufzuhören, andere zu schädigen, und wir haben die Berufung, geheiligt zu werden. Aber durch diese wunderbare Verheißung aus 1. Thessalonicher 5 bekommen wir Hilfe, diesem Befehl entsprechen zu können. Hier belehrt uns Paulus, dass »der Gott des Friedens« selbst uns heiligen wird, wenn wir der Heiligkeit nachstreben. Paulus gründet die Heiligung, die Gott in unserem Leben wirkt, auf seine unerschöpfliche Treue. Weil Gott vollkommen gut und vollkommen mächtig ist, wird er wegen seiner Treue unsere Heiligkeit bestimmt zur Vollendung bringen. Der Schlüssel zu christlicher Heiligkeit und zu Befreiung von Pornografie ist der Glaube an 1. Thessalonicher 4 und 5. Wir müssen um Heiligkeit kämpfen, indem wir die sexuelle Unreinheit der Pornografie meiden. Dabei sind wir aber nicht auf unsere eigenen Hilfsmittel, Strategien und Willenskräfte angewiesen. Unsere Hilfsquellen werden versiegen, unsere Strategien versagen und unsere Willenskräfte erlahmen. Darum haben wir es nötig, unser Vertrauen auf den Gott der Treue zu setzen, der am Ende unsere Heiligung durch einen Erweis seiner allmächtigen Gnade vollenden wird.

Matts Reise zu Heiligkeit und Hoffnung

Erinnern Sie sich noch an Matt? Ich erwähnte ihn in der ersten Zeile des ersten Kapitels in diesem Buch. Er war ein College-Student und wurde schon als kleiner Junge von seinem Onkel zur Pornografie verführt. Obwohl ich die Namen der in diesem Buch erwähnten Menschen verändert habe, möchte ich Sie Matts wahre Identität wissen lassen. *Ich bin Matt.*

Ich wurde schon mit Pornografie bekannt gemacht, als die Leute sich noch VHS-Kassetten anschauten. Ich war ein kaum acht Jahre alter Junge und hatte einen pornosüchtigen Onkel, in dessen Gegenwart ich mich nie wohlfühlte. Eines Tages schenkte er mir und meinen Freunden eine Videokassette. Wir sahen sie uns an. Ich glaube, bis zu diesem Tag nie so etwas gesehen zu haben, was einerseits so schrecklich und andererseits so wundersam war. So klein ich noch war, es war schrecklich, und mein beladenes Gewissen schrie laut, weil es etwas Böses war. Gleichzeitig war es auf perverse Weise wundervoll, denn den Leuten zuzuschauen, wie sie diese neuen, mir völlig unbekannten Akte der Unmoral ausführten, fand ich lustig. Mit der Pornografie, die ich an jenem Abend zu sehen bekam, begann für mich ein intensiver Kampf, der mehr als ein Jahrzehnt anhielt.

Durch Gottes Gnade hatte ich wenige Möglichkeiten, Pornografie zu sehen. Als ich Kind war, kannte man eine Internetnutzung wie heutzutage noch nicht. Der einzige Weg, an Pornografie zu kommen, war der, im Geschäft eine Zeitschrift zu kaufen, aber man musste alt genug dafür sein. Oder man musste einen Freund haben, der solche Hefte besaß. Ich war zu jung, um sie zu kaufen, und ich hatte auch wenig Umgang mit meinem Onkel, der moralisch auf Abwege geraten war. Aber das Verlangen danach war geweckt. Ich wollte Pornografie sehen und genoss jede der seltenen Gelegenheiten dazu. Es gab für mich niemals einen Grund, weshalb ich mir verbieten sollte, Pornografie anzuschauen, sooft ich die Möglichkeit dazu hatte.

Als ich vierzehn Jahre alt war, tat ich zum ersten Mal Buße für meine Sünden und vertraute allein auf Christus, indem ich die von ihm geschenkte Rettung annahm. Bis dahin hatte ich nur gewusst, dass Pornografie etwas Böses ist. Von da an hasste ich sie. Aber ich guckte immer noch, sooft ich Gelegenheit hatte, weil ich einfach nicht wusste, was ich anderes machen sollte. Mit der Zeit begann ich, gegen die Versuchungen zu kämpfen, aber ich fand mich bei diesem Krieg immer wieder auf der Verliererseite. Ich wusste einfach nicht, was ich machen sollte. Es war eben so: Ich schaute Pornografie, wann immer ich konnte, und dann saß ich Tage und Wochen da und fühlte mich schuldig.

Als ich später aufs College kam, musste etwas passieren. Meine Gier, Pornografie anzuschauen, wo immer ich konnte, stand in rasendem Konflikt mit meinem wachsenden Begehren, in naher Verbindung mit Jesus zu leben. Nach und nach fing ich an, vieles zu tun, was in diesem Buch beschrieben ist. Ich begann, mit bußfertigem Gebet vor Jesus zu kommen, ihn um seine Vergebung und umgestaltende Gnade zu bitten; ich ergriff radikale Maßnahmen, jede mögliche Gelegenheit auszuschalten, wo ich Pornografie ansehen konnte. Ich suchte kluge Vertrauenspersonen, denen ich Rechenschaft ablegte, und begann, anderen zu dienen. Als ich anfing, diese Schritte zu unternehmen, bemerkte ich ein Wunder in meinem Leben. Ich begann, mich zu verändern. Ich stellte eine wirkliche Abnahme meines Verlangens nach Pornografie und ein zunehmendes Interesse an Jesus fest. Der Wechsel geschah nicht augenblicklich, was auch selten der Fall ist. Aber er war *echt*.

Das erste Zeichen meiner Veränderung zeigte sich darin, dass ich aufrichtig mit dem Herrn über meine Sünde sprach und seine vergebende und verändernde Gnade suchte. Ein zweites Merkmal wurde erkennbar, als ich ehrlich mit Brüdern in Christus über meine inneren Kämpfe sprach. Danach konnte ich fortlaufend Veränderungen feststellen, als ich mich in Versuchungssituationen immer häufiger für Reinheit entscheiden konnte. Mein »Zeugnis« hatte noch Fehler, aber es war nicht mehr ausschließlich durch gewohnheitsmäßiges Versagen gekennzeichnet.

Den wichtigsten Meilenstein auf der Straße zum Sieg über die Versuchungen erreichte ich, als ich 22 Jahre alt war. Ich hatte das College absolviert und legte gerade die rund 1600 Kilometer zurück, die mein Southern Seminary in Kentucky (wo ich meine Seminarausbildung begonnen hatte) von dem Gordon College in Massachusetts trennen (wo meine spätere Frau Lauren gerade ihren College-Abschluss machte). Es war um Mitternacht, als ich an der weltgrößten Filiale eines riesigen Pornokonzerns vorbeifuhr. Als die Filiale in Sicht kam, kämpften zwei Gedanken in mir. Der erste war, ich hätte jetzt die allerbeste Möglichkeit, so viel Pornografie anzusehen, wie ich nur wollte. Es war mitten in der Nacht, und ich befand mich mitten im Nirgendwo, und niemand war da, den ich kannte. Ich konnte anhalten und stundenlang Pornografie anschauen, ohne dass Konsequenzen zu befürchten waren. Das war einfach die Gelegenheit, von der ich noch vor einigen Jahren kaum zu träumen gewagt hätte.

Aber zur gleichen Zeit, während ich diese Möglichkeit erwog, war da ein zweiter, noch mächtigerer Gedanke – ich *wollte* überhaupt nicht anhalten. Ich hatte gar keine Lust, Pornografie anzusehen oder etwas zu kaufen, was in dieser Filiale angeboten wurde. Während der ganzen Jahre des Kämpfens, Betens und der Verantwortlichkeit war Gott treu gewesen und hatte meine Begierden verändert. Obwohl ich so viel Pornografie anschauen konnte, wie ich nur wollte, hatte ich kein Verlangen mehr danach. Ich war frei.

Frei zu sein, heißt nicht, vollkommen zu sein. In all den Jahren nach diesem Tag, hatte ich es immer noch nötig, nahe bei dem Herrn zu bleiben, den Kampf immer frühzeitig zu beginnen, Buße für mein unreines Herz zu tun und gegenüber anderen Menschen verantwortlich zu bleiben. Ich bin noch immer nicht an dem Punkt, den ich einmal erreichen werde. Aber durch Gottes Gnade bin ich nicht mehr, was ich einmal war. Ich schreibe Ihnen heute diese Worte als ein Mensch, der keine Pornografie ansieht – und auch kein Verlangen danach hat. Das liegt nicht an meiner Vortrefflichkeit; vielmehr habe ich dieselbe Gnade Christi erfahren, die ich in diesem Buch empfehle.

Ich will, dass Sie meine Geschichte kennen, weil ich Sie überzeugen möchte, dass die mächtige Gnade, über die ich schreibe, mehr ist als Worte eines Buches. Die Bibel ist ein lebendiges und wirksames Schwert (Hebr 4,12). Ihre Botschaft der Gnade ist eine mächtige und lebendige Botschaft, die Gott benutzte, um mich zu verändern. Er will sie gebrauchen, auch Sie umzugestalten.

Ich weiß nicht, ob Ihr Kampf gegen die Pornografie mehr oder weniger ausgeprägt ist, als der meine es war. Aber das ist einerlei. Wie immer Sie das Ausmaß Ihres Kampfes einschätzen (ob heftiger oder weniger heftig), Ihre Sünde reicht jedenfalls für einen gerechten und zornigen Gott, Sie für ewig in die Hölle zu schicken. So wahr diese Aussage ist und einerlei, ob Sie mehr oder weniger zu kämpfen haben, so ist doch Ihre Sünde bei Weitem nicht so stark wie die Gnade Jesu, die Sie verändern will.

»Wo aber die Sünde überströmend geworden ist, ist die Gnade noch überreichlicher geworden« (Röm 5,20).

Vertrauen Sie auf Jesus, so wird die Pornografie in Ihrem Leben nicht das letzte Wort behalten. Wenn Sie unaufhörlich die Schönheit des fleckenlosen Lammes anschauen, das für Ihre und meine Sünden geopfert wurde, dann wird eine Zeit kommen, in der die Pornografie vollkommen aus Ihrem Bewusstsein verschwunden sein wird. Es kommt ein Tag – und er ist nicht mehr weit –, an dem Sie Jesus selbst sehen werden. Und wenn Sie ihn sehen, werden Sie vollends in sein Bild umgestaltet werden, denn dann wird dieses herrliche Werk seinen Abschluss finden.

Die Botschaft dieses Buches ist, dass Sie nicht bis dahin warten müssen, um von Pornografie befreit zu werden. Sie können heute anfangen, die Pornografie zu verlassen, wenn Sie den gnadenreichen Weg beschreiten, der in diesem Buch aufgezeigt wurde. Wenn Sie wie ich ein Kind Gottes sind, schreibe ich Ihnen diese Worte mit einem abschließenden Gebet: Möge Gott Sie die Hoffnung erfahren lassen, dass Sie in Christus endgültig von der Pornografie befreit werden können. Das garantiert Ihnen Jesu Gnade.

ANHANG

Hilfen für Familienangehörige und Freunde derer, die mit Pornografie zu kämpfen haben

Das Leben vieler wird davon berührt, wenn die Pornografie-Sucht bei einem Menschen entdeckt wird. Ehefrauen empfinden den Schmerz über diesen Treubruch am heftigsten; darum möchte ich in besonderer Weise zu ihnen reden. Aber ich möchte auch Verlobten, Töchtern, Söhnen, Müttern, Vätern, Freunden oder Gemeindemitgliedern helfen, die mit Pornografie-Süchtigen zu tun haben. Allen möchte ich zeigen, dass die Bibel auf direkte und sehr praktische Weise etwas zu ihrer Not zu sagen hat.

Die Entdeckung, dass jemand, den man liebt, in Pornografie verstrickt ist, erweist sich in jedem Fall als sehr schmerzlich. Sicher haben Sie eine wahre Explosion der Gefühle erlebt. Sie kommen sich betrogen vor und spüren Wut, Trauer, Ekel, Furcht und Mitleid – zusammen mit der tiefen Sorge, Ihre Beziehung könnte nie wieder in Ordnung kommen. In diesem Buch habe ich mich bemüht, die Menschen auf die Gnade Christi hinzuweisen, die allen Strauchelnden zur Verfügung steht, um Vergebung und Veränderung zu erfahren. An dieser Stelle möchte ich mit Ihnen von einer besonderen Gnade Jesu reden, die Sie erhalten können, wenn Sie von der Sünde eines anderen zutiefst betroffen sind.

Indem Sie das lesen, möchte ich Sie wissen lassen, dass ich schon vielen Leuten in Ihrer Lage helfen konnte. Ich habe gesehen, wie viel Schmerz und Verwüstung durch solche verursacht wird, die der Pornografie verfallen sind. Sicher fühlen Sie sich durch das, was der von Ihnen geliebte Mensch hinter Ihrem Rücken tut, ganz überwältigt – einerseits voller Zorn und andererseits abgrundtief betrübt. Angesichts Ihrer Erfahrung mögen Sie meinen, mit dem Schock und dem Schmerz völlig allein dazustehen. Wenn das so ist, möchte ich Sie ermutigen: Sie sind nicht allein. Lesen Sie einmal die ausdrucksstarken Worte aus dem Hebräerbrief:

> »Da wir nun einen großen Hohenpriester haben, der durch die Himmel gegangen ist, Jesus, den Sohn Gottes, so lasst uns das Bekenntnis festhalten; denn wir haben nicht einen Hohenpriester, der nicht Mitleid zu haben vermag mit unseren Schwachheiten, sondern der in allem versucht worden ist in gleicher Weise wie wir, ausgenommen die Sünde. Lasst uns nun mit Freimütigkeit hinzutreten zu dem Thron der Gnade, damit wir Barmherzigkeit empfangen und Gnade finden zu rechtzeitiger Hilfe« (Hebr 4,14-16).

Dieser Abschnitt ist wie für Sie geschrieben. Mindestens drei wichtige Wahrheiten werden dargestellt, die Ihnen in Ihrem Schmerz helfen können.

Erstens verheißen diese Verse, dass Ihnen in Ihrer Not Barmherzigkeit und Gnade zur Verfügung stehen. Wenn die Verzweiflung Sie überwältigt und die Wut in Ihnen hochkocht, kann das in der Flut von Emotionen dazu führen, dass Sie glauben, hier gebe es keine Hilfe mehr. Daher müssen Sie den göttlichen Verheißungen glauben, dass Gott Ihnen voller Barmherzigkeit und Gnade zur Seite steht. Gott liebt Sie und will Ihnen helfen!

Zweitens hat Jesus Mitleid mit Ihren Schwachheiten. Er weiß, wie es ist, wenn Versuchungen an Sie herantreten, und zeigt Ihnen, wie Sie darauf reagieren können, ohne zu sündigen. Jesus wurde von einem Mann verraten, der ihm sehr nahestand. Er weiß, was es heißt, wenn Sie in Beziehung zu jemandem stehen, der hinter Ihrem Rücken das Gegenteil dessen macht, was er tut, wenn Sie ihn ansehen. Jesus reagierte auf solche Drangsale, ohne zu sündigen. Jesus ist unser Vorbild. Er zeigt uns, dass es mit seiner Hilfe möglich ist, auf Leiden in Gerechtigkeit und Liebe zu reagieren.

Drittens erhalten Sie Barmherzigkeit und Gnade von Jesus selbst, wenn Sie sich ihm zuwenden. Der Schreiber des Hebräerbriefes verspricht uns, dass wir Barmherzigkeit und Gnade zur rechtzeitigen Hilfe erhalten werden, wenn wir vor Gottes Gnadenthron erscheinen. Sie werden die überfließende Fürsorge und den Trost Christi erleben, wenn Sie im Gebet zu ihm kommen. Ach, wie bete ich beim Schreiben dieser Zeilen innerlich, dass Sie das wirklich tun! Wenn Sie sich enttäuscht, zornig und betrogen vorkommen und Traurigkeit Sie überfällt, dann lassen Sie sich diese Gedanken nicht nur durch den Kopf gehen. Bringen Sie diese vielmehr ebenfalls zu Gott. Sobald Sie diese starken Emotionen erleben, vergessen Sie nicht, mit Gott darüber zu reden. Nahen Sie dem Thron der Gnade und sagen Sie Gott, wie Ihnen zumute ist. Bitten Sie ihn um die versprochene Hilfe, damit Sie wissen, wie Sie reagieren sollen. Flehen Sie ihn an, dass er Sie mitten in Ihren schrecklichen Schwierigkeiten trägt. Wenn Sie im Glauben zu ihm kommen, wird er sich niemals von Ihnen abwenden, sondern Ihnen gemäß seiner Barmherzigkeit und Gnade helfen. Wenn Sie nie wegen dieser Sachen gebetet haben, dann sollten Sie jetzt mit dem Lesen aufhören und Jesus sagen, wie Sie sich fühlen. Bitten Sie ihn um seine gnädige Hilfe und glauben Sie, dass er sie Ihnen gewährt.

Auf diese Weise zu beten, ist etwas, was Sie die ganze Zeit über tun müssen, während Sie mit dem, den Sie lieben, auf dem Pfad der Veränderung unterwegs sind. Ich möchte Ihnen praktische Schritte zeigen, die Sie gehen müssen, wenn Sie weise handeln möchten, um sich von den Schmerzen zu erholen, die Sie gerade erleiden. Zunächst möchte ich Ihnen allerdings eine Geschichte erzählen, die Ihnen helfen kann, eine Frage zu beantworten, die Sie vielleicht mit sich herumtragen.

Stephanie glaubte Chad kein Wort von dem, was er sagte. Nach mehrjähriger Ehe entdeckte Stephanie, dass sich Chad heimlich der Pornografie hingab. Eines Nachts war sie aufgewacht und fand ihn am Computer in seinem Büro. Als sie leise von hinten herantrat, war sie von den Szenen, die über den Bildschirm huschten, völlig entsetzt. In den folgenden Tagen vergoss Stephanie viele Tränen vor Ärger und Leid, als Chad zwar bereitwillig antwortete, aber seine Antworten so ausfielen, wie sie befürchtet hatte. Doch es gab eine Antwort, die sie ihm überhaupt nicht abnahm. Sie betraf ihre Attraktivität.

Stephanie war überzeugt, Chad müsse sie hässlich finden, denn sonst hätte er nicht andere Frauen zwecks sexueller Befriedigung angeschaut. Es bedrückte sie, dass sie während der Schwangerschaft zugenommen hatte, und sah darin den Grund, dass sich Chad der Pornografie zugewandt hatte. Chad bestand darauf: »Stephanie, ich finde dich wunderschön. Das hat mit dir gar nichts zu tun.« Stephanie konnte das unmöglich glauben.

Stephanies Unglaube war verständlich, denn Chads Antwort war nur die halbe Wahrheit. Einerseits behauptete Chad, seine Sünde habe nichts mit Stephanie zu tun. Er meinte, seine Frau zu lieben, und hielt sie für hübsch, aber er ging zu weit, wenn er sagte, seine Sünde habe »*nichts* mit ihr zu tun«. Chad hatte sein Eheversprechen aufs Spiel gesetzt, das Vertrauen seiner Frau hintergangen und schweren Schaden in beider Leben angerichtet. Seine Sünde hatte sehr, sehr viel mit Stephanie zu tun, und er musste lernen, so etwas nie wieder zu sagen.

Andererseits hielt Chad seine Frau ehrlicherweise für attraktiv. Aber Stephanie brauchte sehr viel Hilfe, um zu verstehen, wie Chad das ehrlich meinen konnte, wenn er doch Pornografie ansah. Wenn Sie in ähnlicher Lage sind wie Stephanie, haben Sie vielleicht das gleiche Problem. Die Kämpfe Ihres Mannes haben

Ihr Selbstbewusstsein in Bezug auf Ihr äußeres Erscheinungsbild zerstört, und nun glauben Sie: Wäre ich attraktiver, würde mein Mann keine Pornografie anschauen.

Wenn das Ihr Kummer ist, dann kann ich Ihnen versichern, dass die Abhängigkeit von Pornografie bei Ihrem Mann nichts mit Ihrem Erscheinungsbild zu tun hat – einerlei, wie Sie aussehen oder wie Sie auszusehen *meinen*. Auch wenn Sie abnehmen, zunehmen, Ihre Haarfarbe und Ihr Make-up ändern oder sich plastischer Chirurgie unterziehen – nichts würde an seinem Problem etwas ändern. Nichts, was Sie an Ihrem Aussehen ändern, wird das Problem lösen, denn Pornografie ist die Sünde Ihres Mannes, nicht Ihre. Zwei Tatsachen zeigen diese Wahrheit auf:

Erstens Gott befiehlt den Männern, mit dem äußeren Erscheinungsbild ihrer Frauen völlig zufrieden zu sein (Spr 5,19). Bei Gott gibt es weder ein Idealgewicht noch eine bevorzugte Augenfarbe. Auch Körpergröße und Haarfarbe sind nicht entscheidend. Vielmehr gebietet er den Männern, ihre Frauen zu begehren. Wie *Sie* auch aussehen, Sie sollten sein Ideal sein. Er ist dazu berufen, Ihre äußere Erscheinung zu begehren. Wenn es da bei ihm mangelt, so ist es sein Versagen, das zu begehren, was Gott ihm zu begehren befohlen hat, nicht Ihr Versagen, irgendwie anders auszusehen.

Bei der zweiten Sache geht es um die Logik der Lust. Lust oder Begierde verlangt per Definition nach dem, was sie nicht hat. Lust blickt immer vorbei an dem, was sie hat, und sieht das, was ihr fehlt. Darum ist Chads Aussage über seine Frau in gewissem Sinn wahr. Chads Lust an Pornografie rührt nicht von Stephanies Aussehen her; sie richtet sich auf eine Frau, die er nicht hat – einerlei, wie Stephanie aussieht. Sie könnte ihr ganzes Aussehen völlig verändern, das würde die Lust ihres Mannes nicht befriedigen. Chad braucht Jesus, damit er ihn von seiner Lust befreit. Der Herr muss ihm ein dankbares Herz voller Zufriedenheit geben anstatt eines Herzens, das Frauen begehrt, mit denen er nicht verheiratet ist.

Der Weg der Wiederherstellung

Grundsätzlich ist die Pornografie die Sünde Ihres Mannes. Sie ist nicht die Ihre. Wenn Sie zusammen mit Ihrem Mann auf dem schwierigen Weg der Wiederherstellung unterwegs sind, müssen Sie aufhören, Ihr Aussehen für die Sünde Ihres Mannes verantwortlich zu machen. Im Folgenden nenne ich Ihnen fünf praktische Dinge, die Sie tun können, wenn Sie Ihrem Mann helfen und gemeinsam eine immer lebendiger werdende, glückliche Ehe anstreben wollen.

1. Kämpfen Sie nicht einsam – suchen Sie Hilfe

Außer dass Sie in Zeiten der Not den Herrn um Barmherzigkeit und Gnade anrufen, müssen Sie sich die Unterstützung weiser Christen suchen. Im Blick auf Ihre Lage wird es zahllose Sonderfälle geben, die spezifische Weisheit erfordern und die in keinem allgemein gehaltenen Buch stehen können. Sie werden die Hilfe anderer brauchen, um damit richtig umzugehen. Die Vorstellung, andere um Hilfe zu bitten, mag Sie irritieren. Sicher glauben Sie, alles allein bewerkstelligen zu können, oder Sie schämen sich zu sehr, mit einem Ältesten der Gemeinde oder einer Freundin darüber zu sprechen, wenn Ihr Mann betroffen ist. Ich flehe Sie an, darüber ein wenig genauer nachzudenken.

Die Bibel ermutigt uns, unser Leben mit anderen Christen zu teilen. Der Apostel Paulus schreibt in 1. Thessalonicher 5,11: »Ermuntert einander und erbaut einer den anderen, wie ihr auch tut.« Und in Hebräer 10,24-25 steht: »Lasst uns aufeinander achthaben zur Anreizung zur Liebe und zu guten Werken, indem wir unser Zusammenkommen nicht versäumen, wie es bei einigen Sitte ist, sondern einander ermuntern, und das umso mehr, je mehr ihr den Tag näher kommen seht.« Christen haben andere Christen nötig, um sich gegenseitig zu ermuntern und zu unterstützen, damit sie Leute werden, die eifrig sind in Liebe und guten Werken.

Wenn Sie auf Aussöhnung hinarbeiten, wird es Zeiten der Entmutigung geben, sodass Sie manchmal meinen, nur noch zornig und unfreundlich sein zu können. Dann brauchen Sie Leute, die Ihnen in Ihrem Kampf zu den richtigen Reaktionen verhelfen können. Nachdem Sie mit Gott gesprochen haben, gehört es zu dem Wichtigsten überhaupt, mit einem Ältesten der Gemeinde oder einer engen Freundin zu reden. Bitten Sie Ihre Vertrauensperson um weisen Rat und um Fürbitte. Stellen Sie sicher, dass jemand für Sie erreichbar ist, der Ihnen zur Seite steht und sich auch zur Verfügung stellt, wenn Sie zu straucheln fürchten.

2. Gehen Sie mit Ihren Gefühlen biblisch um

Wenn Sie so sind wie die meisten Menschen, dann werden Sie nach Ihrer Entdeckung von einer Gefühlswoge fortgerissen werden. Diese Gefühle werden zum großen Teil aus Zorn und tiefer Niedergeschlagenheit bestehen. Wenn Sie an den erfahrenen Treubruch denken und an den Schock, den Sie erlebt haben, können diese Gefühle Sie an den Rand der Verzweiflung bringen. Wie man diese Gefühle einordnen und wie man mit ihnen aus biblischer Sicht umgehen soll, darüber wäre wirklich viel zu sagen, aber ich will hier nur zwei Punkte ansprechen.

Wenn Sie zornig und traurig sind, dass Ihr Mann Pornografie ansieht, sind Ihre Empfindungen richtig. Es mag Sie verwundern, von mir so etwas zu hören, aber es ist wahr. Gottes Reaktion auf Sünde ist keine Neutralität, und Ihre sollte es genauso wenig sein. Gott ist zornig und traurig über die Sünde (siehe Hebr 3,17). Wenn wir ähnliche Gefühle haben, zeigen wir, dass unsere Empfindungen mit den göttlichen übereinstimmen. Ja, es wäre ein Zeichen von Bosheit, wenn Sie auf Sünde mit Neutralität oder gar Vergnügen reagierten. Mitten in einer so schwierigen Lage ist es wichtig, die Berechtigung so starker Gefühle zu erkennen, weil Sie sonst zu Unrecht Schuld auf sich laden: Ihre Reaktion auf die

Sünde dessen, den Sie lieben, war ja berechtigt und daher kein Ausdruck von Sünde.

Allerdings ist dazu noch mehr zu sagen. Es ist zwar legitim, über Sünde zornig und traurig zu sein, aber das gibt Ihnen nicht den Freibrief, auf jede Art zu reagieren, die Ihnen gefällt. Obgleich Gott auf Bosheit mit Zorn und Trauer antwortet, sündigt er doch niemals. Ihre Gefühle werden den Empfindungen Gottes gleichen, wenn Ihr Zorn und Ihre Trauer gegenüber Ihrem Mann frei von Sünde sind (siehe Eph 4,26). Zwei Grundsätze können Ihnen zeigen, dass Ihr Zorn und Ihre Trauer rechtmäßig sind, wobei Sünde vermieden wird.

1. Ihr Zorn und Ihre Trauer sind sündig, wenn sie hemmungslos sind. Darum müssen Sie bei solchen Gefühlen um Selbstbeherrschung kämpfen. Vielleicht sind Sie auf Ihren Mann losgegangen mit Schreikrämpfen, mit Fluchen und Toben sowie mit gehässigen Drohungen, ihn bei solchen anzuschwärzen, die er schätzt, oder mit physischer Gewalt (welcher Art auch immer). Oder Sie drohen ihm, die Kinder von ihm fernzuhalten. Wenn das der Fall ist, sündigen Sie in Ihren Reaktionen auf das Handeln Ihres Mannes. Wenn Sie sich solcher Handlungsweisen schuldig gemacht haben, müssen Sie die vergebende und die verändernde Gnade Christi suchen. Denn wenn Sie Christus kennen, sind Sie kein Sklave solcher Reaktionen. Er selbst kann Ihnen die Gnade geben, dass Sie nur gerechten Zorn und rechtschaffene Trauer erleben, wenn Sie ihn im Glauben darum bitten.

2. Ihr Zorn und Ihre Trauer sind sündig, wenn sie Sie von einer Aussöhnung mit Ihrem Mann abhalten. Obwohl Gott zornig und traurig über Sünde ist, sucht er doch immer die Wiederherstellung. Gott bekundet zwar deutlich sein Missfallen über die Sünde, doch in dem Versöhnungswerk Jesu Christi ist die erneute Hinkehr zu ihm möglich. In gleicher Weise sollten Ihre starken Emotionen zur Aussöhnung sowie Wiederherstellung und nicht zu einer Trennung führen. Wenn Ihre Handlungen dazu geführt

haben, Ihren Mann für lange Zeit zu meiden, dann müssen Sie die vergebende und die verändernde Gnade Christi suchen. Ihnen mag es vorkommen, als sei die Wiederherstellung der Ehe noch Millionen Kilometer weit fort, aber Jesus hat die Macht, Sie dahin zu bringen, wenn Sie an ihn glauben. Es ist ganz wesentlich, dass Sie für die Wiederherstellung der Beziehung wirklich kämpfen.

3. Kämpfen Sie darum, vergeben zu können

Die Berufung, auf eine Versöhnung hinzuarbeiten, führt zu einem entscheidenden Schritt, den jeder Beteiligte tun muss: Letztendlich müssen Sie Ihrem Mann seine Sünde vergeben. Der Apostel Paulus schreibt in Epheser 4,32: »Seid aber zueinander gütig, mitleidig, einander vergebend, wie auch Gott in Christus euch vergeben hat.« Jemandem, gegen den in so dramatischer Weise gesündigt wurde, mag dieser Vers als einer der unverständlichsten aus der ganzen Bibel vorkommen. Die Forderung an Ihr Leben, Vergebung zu üben, scheint eine Überforderung oder einfach unmöglich zu sein. Wie kann man angesichts solchen Schmerzes vergeben? Wie kann man vergeben, wenn man so schrecklich hintergangen wurde? All das sind Fragen, die gestellt werden, aber sie ändern nichts daran, dass Sie vergeben müssen, wie Christus Ihnen vergeben hat. Die Bibel begründet unser Vergeben mit der Vergebung, die wir von Christus empfangen haben.

Wir müssen genauso vergeben, wie Gott uns vergeben hat. Manchmal könnte jemand meinen, er dürfte nicht vergeben, weil dadurch die Schwere der gegen ihn begangenen Sünde übersehen wird. Nach dieser Ansicht drückt das Nichtvergeben eine heilige Intoleranz gegen die Sünde aus. Obwohl das *scheinbar* wahr ist, trifft dies in Wirklichkeit nicht zu. Epheser 4,32 lehrt uns, dass es keine Rolle spielt, wie schwer gegen Sie gesündigt wurde. Die endgültige Unfähigkeit zu vergeben, zeigt, dass Sie nicht erkennen, wie viel Ihnen vergeben wurde. Zeigen Sie mir jemanden, der sich weigert, anderen zu vergeben, und ich werde Ihnen zeigen, dass es jemand ist, der auf arrogante Weise sich weigert, an die zahllosen Sünden zu denken, die Gott ihm vergeben hat.

Bei vielen besteht das Problem nicht darin, dass sie nicht vergeben wollen, sondern darin, dass sie nicht wissen, wie man das macht. Paulus will uns auch dabei behilflich sein. Er sagt uns, wir hätten so zu vergeben, wie uns in Christus vergeben wurde. Jeremia 31,34 beschreibt, wie uns vergeben wurde. Im Kontext dieses Abschnitts blickte der Prophet Jeremia auf das Werk voraus, das Jesus bei seinem Kommen vollbrachte. Indem er dieses Werk entfaltet, erwähnt Jeremia auch einen erstaunlichen Sachverhalt, der uns durch das Kommen Jesu als Messias zugutekommt. Jeremia zitiert hier Gott selbst, der erklärt, er werde in Christus unserer Sünden nicht mehr gedenken: »Ich werde ihre Schuld vergeben und ihrer Sünde nicht mehr gedenken.«

Es ist von entscheidender Bedeutung, dass man versteht, was das heißt. Gott sagt damit nicht, er werde unsere Sünden vergessen, als hätte ihn eine Art »göttlicher Demenz« befallen. Gott weiß alles in Vergangenheit, Gegenwart und Zukunft; nichts ist ihm verborgen. Er kennt das Ende vom Anfang her. Wenn Gott sagt, er werde unserer Sünden nicht gedenken, so grenzt er damit nicht sein vollkommenes Wissen ein. Vielmehr meint er damit, er werde beschließen, sich unserer Sünden nicht *gegen* uns zu erinnern. Gott weiß, wer sündigte, aber er wird der Sünde nicht erlauben, seine Beziehung zu uns zu trüben.

Ihre Vergebung Ihrem Mann gegenüber wird wie Gottes Vergebung Ihnen gegenüber sein, wenn Sie ihm freundlich begegnen und eine Beziehung zu ihm pflegen, bei der Sie ihm seine Sünde nicht vorhalten. Wenn Ihr Mann um eine Veränderung ringt und dabei die göttliche Gnade in Anspruch nimmt, müssen Sie in allen Bereichen der Ehe auf eine wiederhergestellte Beziehung hinarbeiten. Diese Wiederherstellung wird nicht augenblicklich eintreten. Wichtig ist vor allem, dass es Ihnen um eine solche Wiederherstellung geht. Danach müssen Sie eng mit der Person zusammenarbeiten, die Ihnen hilft, diesen Weg klug zu planen, damit Sie und Ihr Mann ein Ehepaar werden, das aus der Vergebung lebt.

4. Bekennen Sie Ihre Sünden

Ihr Mann ist für seine Sünde verantwortlich, Pornografie angeschaut zu haben. Sie brauchen sich wegen der sexuellen Verunreinigung Ihres Mannes keine Vorwürfe zu machen. Nichts hinsichtlich Ihres Verhaltens hätte Ihren Mann zu sexuellen Sünden zwingen können, denn Unmoral kommt von innen bzw. aus dem Herzen heraus und wird nicht durch äußere Umstände bewirkt. (Das gilt auch in Bezug auf Ihr Aussehen.) Allerdings ist es für Sie sehr wichtig zu wissen, dass dies ein Schwert ist, das auf beiden Seiten schneidet. Ihnen kann man die Sünden Ihres Mannes nicht vorwerfen, aber ihm auch nicht die Ihren.

Nach der Aufdeckung einer schweren Sünde (wie z. B. die der Pornografie) sind die Gedanken vieler Frauen einzig mit der Sünde ihres Mannes beschäftigt. Sie vergessen völlig, dass auch sie Sünder sind. Dieser Einstellung müssen Sie entgegenwirken, indem Sie demütig Ihre eigenen Sünden zugeben und nicht nur auf die Schuld des Ehemanns blicken. Haben Sie in sündiger Weise auf die Sünde Ihres Mannes reagiert? Hat es Ihnen an Vergebungsbereitschaft gemangelt? Haben Sie in puncto aktiver sexueller Beziehung versagt, bevor Sie von seinem Problem wussten? Eine sofortige Wiederherstellung der sexuellen Beziehung ist nicht zu erwarten, nachdem Sie von seiner Sünde erfahren haben, aber haben Sie sich einer sehr lang andauernden Enthaltung schuldig gemacht, nachdem er seine Sünde bekannt hat? Sie sind in keinem Fall schuld am Versagen Ihres Mannes, aber es ist möglich, dass Sie wegen Ihrer Sünden auf anderen Gebieten Vergebung suchen müssen.

5. Seien Sie eine Ehefrau und kein Polizist

Chad und Stephanie begannen ihre Reise zu einem wiederhergestellten Eheleben. Chad tat Buße für sein undankbares Herz und machte Fortschritte, was seine Dankbarkeit gegenüber seiner Frau und die Aufrichtigkeit Gott, seiner Frau und anderen Leuten gegenüber betraf. Sein Voranschreiten ging nicht problemlos vonstatten, aber er änderte sich deutlich. Stephanie lernte, Chad in Bezug auf sein Versagen zu vergeben, und suchte Vergebung für die eigenen Versäumnisse. Als sie wieder eine größere Nähe zueinander suchten, fiel es ihr schwer, Chad zu vertrauen. Nachdem sie jahrelang von dieser schweren Sünde nichts gewusst hatte, wollte sie jetzt auf der Hut sein. Sie war misstrauisch und blickte Chad dauernd über die Schulter. Sie bestand darauf, regelmäßig sein Surfverhalten im Internet zu kontrollieren; auch überprüfte sie beständig sein Handy und stellte ihm skeptische Fragen bezüglich der Frauen, mit denen er zusammenarbeitete. In einem Fall war sie ohne Grund misstrauisch, indem sie meinte, dass er während der Arbeit Pornografie anschaute. Sie bestand darauf, dass er einen Lügendetektor mitführte, um ihre Zweifel zu beseitigen.

Die meisten Leute können gut verstehen, dass es Stephanie Mühe kostete, ihrem Mann zu vertrauen, nachdem er ihr Vertrauen so schändlich missbraucht hatte. Aber weit mehr wurde ihre Ehe durch ihr Misstrauen beschädigt. Sie wollte die Sachen nicht schwieriger machen, als sie waren, denn sie konnte sich keinen anderen Weg vorstellen, mit dem Problem umzugehen. Wenn sie es auch gut meinte, so ergaben sich aus ihrem Verhalten doch zwei Hauptprobleme.

1. Stephanies Bemühungen werden niemals dazu führen, dass ihre Beziehung zu ihrem Mann immer vertrauensvoller wird. Stephanies ständige Nachforschungen hinter Chads Rücken helfen ihr nicht, ihrem Mann besser vertrauen zu können; vielmehr lernt sie dadurch, nur ihrer eigenen Fähigkeit zu vertrauen, ihrem

Mann dauernd Fesseln anzulegen. Wenn Sie Ihrem Mann nur vertrauen, nachdem Sie fortwährend sein Surfverhalten im Internet kontrolliert oder die Ergebnisse eines Lügendetektors abgefragt haben, dann vertrauen Sie in Wirklichkeit Ihrem Mann überhaupt nicht. Sie vertrauen dann nur irgendwelchen Prüfungsinstanzen.

2. Stephanie hatte sich auf einem ganz falschen Gebiet engagiert. Jawohl, Chad musste lernen, verantwortlich zu leben. Er brauchte Software, die die Pornografie von seinem Computer fernhielt. Er brauchte die Zweierschaft mit einem weisen christlichen Mentor, der ihm auch harte Fragen stellte, was sein Verhalten und seine Begierden betraf. Er brauchte alle diese Dinge und noch viele mehr, aber Stephanie war nicht diejenige, die sie ihm geben konnte.

3. So geht es Ihnen auch. Sie müssen sich darauf konzentrieren, die Ehefrau Ihres Mannes zu sein, nicht sein Polizist, der die Aufgabe hat, unter allen Umständen Reinheit in sein Leben zu bringen. Sie müssen seinen Mentor kennen und denen vertrauen, die ihm helfen sollen. Sie müssen den Maßstäben vertrauen können, die dazu dienen sollen, Verantwortlichkeitsbewusstsein in sein Leben zu bringen. Sie müssen wirklich erkennen können, dass er Christus nachfolgen will, und wenn Sie Sorgen haben, müssen Sie die Möglichkeit haben, die Personen zu sprechen, die ihm helfen sollen. Wenn Sie hingegen versuchen, die Bemühungen um die Verantwortlichkeit in seinem Leben selbst in die Hand zu nehmen, so garantiere ich Ihnen, dass dies einen verderblichen Einfluss auf Ihre Ehe haben wird. Konzentrieren Sie sich darauf, mit Ihrem Mann verheiratet zu sein. Bitten Sie Gott um die Gnade, Ihrem Mann nahe sein zu können, und suchen Sie die enge Verbindung zu ihm sowohl verstandesmäßig als auch geistlich und körperlich, und zwar auf vielfältige Weise. Lassen Sie zu, dass andere Sie darin bestärken.

Versuchen Sie in der Anfangszeit, alle diesbezüglichen Fragen und Sorgen mit der Person durchzusprechen, die Ihnen helfen soll, bevor Sie damit zu Ihrem Mann gehen. Diese Person könnte helfen abzuschätzen, ob die Sorgen, die Sie bedrücken, wirklich schwerwiegend oder vielleicht grundlos sind. So wollen zum Beispiel viele Ehefrauen spezifische Details über die Art der Pornografie erfahren, die ihre Männer sich angeschaut haben. Solche Details sollte man lieber gar nicht kennen. Auch wenn Sie meinen, es wäre vielleicht hilfreich, wenn man darüber Bescheid weiß, wird dadurch die Aussöhnung nur schwerer gemacht, als sie so schon ist. Lassen Sie sich in diesen und ähnlichen Dingen von der Weisheit anderer leiten.

Gehen Sie voran in Barmherzigkeit und Gnade

Wenn Sie sich auf den Weg der Wiederherstellung begeben, werden Sie merken, dass es eine lange Reise werden wird. Vergessen Sie nicht, dass Jesus Ihnen in Zeiten der Not Barmherzigkeit und Gnade geben wird, wenn Sie in seiner Nähe bleiben. Jesus liebt Sie und will Ihnen helfen. Ehefrauen kommen manchmal ins Straucheln, weil sie sich nur auf ihren Mann ausrichten und irrtümlicherweise denken, dass es nichts Wichtigeres gibt, als dass ihr Mann keine Pornografie mehr anschaut. Es ist bestimmt ein großer Segen, einen Mann zu haben, der so etwas nicht tut, aber dieser Segen ist nicht das Allerwichtigste in Ihrer Ehe. Was Sie am Ende viel nötiger brauchen, ist die Barmherzigkeit und Gnade, die Jesus Ihnen schenkt. Seine Barmherzigkeit und Gnade gilt Ihnen, wenn Sie ihm vertrauen – einerlei, ob Ihr Mann Pornografie ansieht oder nicht.

Wenn Sie durch Glauben diese Barmherzigkeit und Gnade besitzen, werden Sie dadurch befähigt, auch anderen eine Hilfe zu sein. Dann können Sie mit Emotionen reagieren, die keine Sünde sind, und mit Vergebungsbereitschaft Ihrem Mann begegnen. Dann gehen Sie auch mit Ihren eigenen Sünden richtig um, indem Sie lernen zu vertrauen – nicht nur Ihrem Mann, sondern, was viel wichtiger ist, auch dem Herrn. Er hat Ihnen versprochen, dass Güte und Barmherzigkeit Ihnen alle Tage Ihres Lebens folgen werden. Diese Verheißung ist gewiss, und sie gehört Ihnen – einerlei, ob Ihr Mann nie mehr Pornografie ansehen wird oder ob er doch wieder in diese Sünde zurückfällt. Weil Jesus Ihnen diese Verheißung gegeben hat, können Sie durch diese Gnade und Barmherzigkeit befreit werden, Ihren Ehemann trotz seiner Sünden zu lieben. Wenn Sie das tun, lieben Sie Ihren Mann auf die gleiche Weise, wie Jesus Sie liebt.

Abkürzungen

A. d. H.	Anmerkung des Herausgebers
A. d. Ü.	Anmerkung des Übersetzers
Luther 1984	*Die Bibel nach der Übersetzung Martin Luthers*, Deutsche Bibelgesellschaft, Stuttgart (Bibeltext in der revidierten Fassung von 1984).
RELB	*Elberfelder Übersetzung, revidierte Fassung*, R. Brockhaus Verlag Wuppertal.